GUNNAR ENGEL

FOLLOWER

Wie Gott dein Leben verändert,
wenn du ihn lässt

SCM

R.Brockhaus

SCM

Stiftung Christliche Medien

SCM R. Brockhaus ist ein Imprint der SCM Verlagsgruppe,
die zur Stiftung Christliche Medien gehört, einer gemeinnützigen Stiftung,
die sich für die Förderung und Verbreitung christlicher Bücher,
Zeitschriften, Filme und Musik einsetzt.

© 2020 SCM R.Brockhaus in der SCM Verlagsgruppe GmbH
Max-Eyth-Str 41 · 71088 Holzgerlingen
Internet: www.scm-brockhaus.de; E-Mail: info@scm-brockhaus.de

Die Bibelverse sind, wenn nicht anders angegeben,
folgender Ausgabe entnommen:
Neues Leben. Die Bibel, © der deutschen Ausgabe 2002 und 2006
SCM R.Brockhaus in der SCM Verlagsgruppe GmbH, Witten/Holzgerlingen
Weiter wurde verwendet:
Lutherbibel, revidiert 2017, © 2016 Deutsche Bibelgesellschaft, Stuttgart (LUT).

Umschlaggestaltung: Grafikbüro Sonnhüter, www.grafikbuero-sonnhueter.de
Titelbild: Grafikbüro Sonnhüter
Illustrationen: Erik Pabst, www.erikpabst.de
Satz: typoscript GmbH, Walddorfhäslach
Autorenfoto: © Anni Engel
Lektorat: Christiane Kathmann, www.lektorat-kathmann.de

Druck und Bindung: Finidr s. r. o
Gedruckt in Tschechien
ISBN 978-3-417-26957-4
Bestell-Nr. 226.957

Für Anni und Titus.

Ihr zeigt mir jeden Tag neu, wie groß Gottes Liebe
und seine Gnade in meinem Leben sind.
Danke, dass wir gemeinsam nachfolgen.

INHALT

DER TIEFPUNKT IN ISOLATION

Eine Gebetskammer mit desinfizierten Plastikwänden

Seid stille und erkennet, dass ich Gott bin!
Psalm 46,11; LUT

Im letzten Jahr habe ich ein Gebet öfter gebetet als alle anderen: »Hier bin ich. Sende mich.«

Es ist ein gruseliges Gebet, besonders für einen Kontrollfreak wie mich. Was ich allerdings noch gruseliger finde, ist ein Leben ohne Gott. Ein leeres Leben. Ein Leben ohne göttliche Überraschungen, die einem den Boden unter den Füßen wegziehen. Und wie so oft: Man kann nicht beides haben. Wenn man will, dass Gott einen überrascht, dann muss man die Kontrolle aufgeben. Und deshalb fängt meine Geschichte mit Tränen an.

Ich saß auf der Kante unseres Bettes und weinte. Meine Frau Anni hatte ihren Arm um mich gelegt. Ich brachte nicht viel raus außer: »Ich kann das alles nicht mehr.« Mehr musste ich auch nicht sagen, denn genau das meinte ich.

Ich war gerade dreißig Jahre alt geworden, war glücklich verheiratet, hoffte auf das erste Kind und diente als Pastor einer wachsenden Kirchengemeinde, die Stück für Stück auf dem Weg zurück zum Evangelium war. Gesundheitlich ging es mir gut, ich genoss ein aktives Leben, und es gab viele Gelegenheiten, in denen ich mich entfalten konnte. Von außen sah alles gut aus.

Aber im Inneren war es anders. Schon seit einigen Jahren waren Hoffnungslosigkeit, Depression, Distanz, Angst und Leere meine täglichen Begleiter. Insgeheim war ich stolz auf meine Fähigkeit, klar zu denken, aber plötzlich rasten Gedanken durch meinen Kopf, die ich nicht aufhalten konnte. Ich hatte regelmäßig Panikattacken und stellte mir vor, dass ich innerhalb der nächsten Monate sterben würde.

Und dann gab es noch die körperlichen Auswirkungen. Oft fiel es mir schwer, Luft zu holen. Meine Arme juckten unaufhörlich und mein Kratzen linderte dieses Gefühl in keinster Weise. Wenn ich nicht gerade das Gefühl hatte, dass ein 200-Kilo-Gewicht gegen meine Brust drückte, empfand ich eine unheimliche Hohlheit. Mein Gesicht brummte. Ich war benommen. Ich verbrachte viele Nächte damit, auf und ab zu gehen, während ich versuchte, zu beten.

Ich konnte nicht mehr essen, nicht mehr schlafen. Ständig war mir schlecht, an den meisten Tagen übergab ich mich direkt nach dem Aufstehen. Und zwischen dem ganzen Heulen und Würgen war ein Gedanke ganz klar: Ich war nicht mehr ich selbst. Schon lange nicht mehr. Hinter meiner Maske lebte ich wie automatisch. Da war kein Funken mehr. Keine Freude. Ich lief durch die Ruinen einer zerbombten Gefühlswelt.

Am einfachsten beschrieb das folgende Wort meinen Zustand: leer. In mir war es einfach leer. Und ganz ehrlich: Mir wäre jedes andere Gefühl lieber gewesen. Wut, Angst, Trauer. Damit hätte ich etwas anfangen können. Bei Wut kann ich mich abreagieren. Gegen Angst kann ich kämpfen. Trauer kann getröstet werden. Von all dem war aber nichts zu spüren. Da war bloß dieses schwarze Loch, das alles unaufhaltsam anzog und nach und nach verschlang.

LEER. IN MIR WAR ES EINFACH LEER.

Ich wusste nicht mehr, wer ich war. Wusste nicht, ob ich am richtigen Ort war. Wusste nicht, ob ich vor Gott genügte. Vielleicht klingt das für einen Pastor ein wenig schräg, aber es war eine sehr dunkle Phase in meinem Leben. Ich war gerade neu in einer Gemeinde angekommen. Seit etwas mehr als einem Jahr war ich der Pastor in einem kleinen Ort kurz vor der dänischen Grenze. Und auch wenn bei uns auf dem Land eigentlich alles immer recht schön und gemütlich ist, war der Teufel offensichtlich bereit gewesen, hier ein ordentliches Schlachtfeld auszurufen, denn der zweite Kampf ging gerade erst los. Nach außen sollte natürlich alles perfekt aussehen. Immerhin konnte ich ja schlecht der neue Pastor sein, bei dem es sofort bergab geht. Zu der Panik mischte sich Scham. Ich schämte mich. Ich schämte mich dafür, zu versagen. Ich schämte mich, dass andere mein Versagen mitbekommen könnten.

Ständig trug ich den Gedanken mit mir herum, dass ich verstecken musste, wie es mir ging, was alles natürlich nur noch schlimmer und anstrengender machte. Ich dachte: »Immerhin bin ich Pastor! Und wenn sich einer mit Gott, dem Leben und dem ganzen Rest auskennen sollte, dann doch ich!«

In den Monaten zuvor hatte ich mich immer wieder neu zusammengerissen. Immer darum gekämpft, dass nach außen alles stimmte. Ich war in dem Spiel ziemlich gut geworden, kurz vor Champions League. Das Problem war, dass es keinen Pokal zu gewinnen gab. Es ging bloß immer weiter bergab, bis schließlich gar nichts mehr stimmte. Und den Leuten, die mir nahestanden, fiel dies immer mehr auf.

Abgesehen von dem normalen Druck, der auf einem Pastor in seiner ersten Gemeinde lastet, gab es keine offensichtlichen Gründe, warum ich verrückt zu werden schien. Um mögliche Ursachen auszuschließen, vereinbarte ich mit meinem Arzt einen Termin für einen kompletten Check-up. Von Blutentnahme über Herzuntersuchung bis Radfahren mit Messung der Atmung war alles dabei. Die Ergebnisse waren medizinisch negativ, also für mich positiv: Ich hatte nichts, mir ging es »gut«.

Nichts hatte mich auf das vorbereitet, was ich durchmachte. Meine inneren Anschuldigungen, dass Pastoren »so was« nicht passiert, machten mich nur noch verzweifelter. Ich suchte erfolglos nach etwas, das mir den Sieg über das bringen würde, was ich bekämpfte. Ich las in der Bibel, versuchte zu beten, drehte alle möglichen Lobpreisalben auf volle Lautstärke (da kam es mir zugute, dass unsere einzigen Nachbarn auf dem Friedhof liegen). Ich versuchte es mit einer besseren Organisation. Ich erstellte Tagespläne. Nahm mir regelmäßige Auszeiten. Fuhr in den Urlaub. Nichts half.

Schon früh dachte ich darüber nach, mir einen Berater zu suchen, vielleicht sogar einen Psychiater. Mir war bewusst, dass Menschen mit einem hormonellen Ungleichgewicht, einer Schlafstörung oder traumatischen Erfahrungen von einer medizinischen Behandlung profitierten. Ich fragte mich, ob Medikamente mir helfen könnten, wieder auf die Beine zu kommen, um mit dem umzugehen, was ich erlebte.

Ich identifizierte mich auch mit verschiedenen Diagnosen, über die ich gelesen hatte: Nervenzusammenbruch. Burn-out. Angststörung. Depressionen. Was auch immer vor sich ging, es beeinflusste mich emotional, physisch, mental und geistlich. Die Symptome waren zu zahlreich und zu intensiv, um zu denken, dass es sich nur um eine »Phase« handelte.

Aber kein Etikett, das ich meinem Zustand zuordnete, identifizierte die Grundursachen. Wenn das, was ich erlebte, in meinem eigenen Herzen entstand (wie es schien), wollte ich dieses zuerst erforschen. Ich wollte mich an das Evangelium halten, um zu sehen, was mir vielleicht bisher entgangen war.

Vielleicht kennst du so eine Situation. Vielleicht hast du auf die eine oder andere Art etwas Ähnliches erlebt. Hast Nächte hindurch geweint, weil du nicht wusstest, wie es weitergehen soll mit deinem Leben, deinen Beziehungen, deinem Vertrauen auf Gott. Du hast ihn gesucht. Hast nach Gott gerufen, damit er sich dir zeigt. Damit er der Vater ist, von dem die Bibel spricht.

Gleich zu Anfang will ich dir sagen: Damit bist du nicht alleine. Dafür musst du auch kein junger Pastor sein. Landauf und landab erlebe ich Christen und Kirchenbesucher generell, die mich aus ähnlichen Augen anschauen wie die, die ich in meinem Spiegel gesehen habe.

Dann ging alles ganz schnell: Drei Wochen nachdem ich verzweifelt gesagt hatte, dass ich das alles nicht mehr tun und ertragen konnte, ging es nachts mit Blaulicht ins Krankenhaus. Mein Herz raste und ich hatte unerklärliche Blutungen. Panisch zitternd saß ich in der Notaufnahme neben einer Frau im Rollstuhl, die kurz davor war, ein Kind zu bekommen. Der war es egal, ob ich ein erfolgreicher Pastor war oder nur so tat.

Auszeit

Gott hat die interessantesten Ideen für Auszeiten, das muss man ihm lassen. Als mir in der Notaufnahme das Blut oben und unten rauslief, hatte ich nicht viel Zeit zum Nachdenken. Da stand das Gedankenkarussell still. Manchmal glaube ich, dass Gott mit den Augen rollt, wenn er an mich denkt. Liebevoll, aber trotzdem. Dann fragt er sich wahrscheinlich, wie oft er mir die gleichen Antworten noch geben soll, bis ich mir selbst und vor allem ihm endlich nicht mehr im Weg stehe.

Ich möchte dir gerne eine Frage stellen. Sie ist ein wenig persönlich, aber nach den ersten Seiten kennen wir uns ja schon ein wenig. Ich stelle sie dir, weil ich mich dasselbe in diesen Nächten im Krankenhausbett gefragt habe: Lebst du mit einem Glauben, der dich Dinge erleben lässt, wie du sie in der Bibel liest? Lebst du mit einem Glauben, der dir jeden Tag neu die Allmacht und Liebe Gottes zeigt? Bewegst du dich mit der Erwartung durch den Tag, Gott tatsächlich zu begegnen? Egal, was kommt? Vertraust du Gott in den dunklen Tälern deines Lebens genauso wie in den Höhepunkten?

Oder ist dein Glaube eher eine kleine Garnitur deines eigentlichen Lebens? Das Sahnehäubchen auf deinem Alltag?

Oder ist es andersherum: Denkst du, dass Gott Besseres zu tun hat? Denkst du, dass du vielleicht erst einiges an dir ändern müsstest, damit Gott etwas mit dir anfangen kann? Dass er Wichtigeres zu tun hat, als sich mit dir abzugeben? Immerhin ist er der Schöpfer und Erhalter des Universums. Das klingt nach viel Arbeit.

VERTRAUST DU GOTT IN DEN DUNKLEN TÄLERN DEINES LEBENS GENAUSO WIE IN DEN HÖHEPUNKTEN?

Man weiß nie genau, wann einem die Dinge begegnen, die das Leben verändern. Und ich meine nicht die x-te belanglose Predigt über ein besseres Leben, die eigentlich bloß Self-Help mit ein bisschen christlichem Zuckerguss ist. (Ganz ehrlich: Hättest du mir im Krankenhaus noch eine Predigt über positives Denken, noch eine Liste mit den fünf besten Tipps zum gesegneten Leben oder einen Artikel über gesteigertes Vertrauen in Gott gegeben, hätte ich geschrien.) Mir fehlte etwas Grundlegendes. Deshalb musste Gott bei mir auch grundlegend neu anfangen. Das einzusehen, war gar nicht so einfach.

Im Krankenhaus wurde ich nach einer Nacht in der Notaufnahme in ein Isolierzimmer verlegt, ein Einzelzimmer, das vom Personal nur mit Schutzkleidung und so selten wie möglich betreten wurde. Auf eine schräge Art wurde das Isolierzimmer zu meiner Gebetskammer. Die Ärzte und Schwestern kamen immer mal wieder, um herauszufinden, was mit mir los war. Und ebenso kam Gott durch sein Wort zu mir, um mir in einem viel größeren Horizont zu zeigen, was falsch lief und wie er den weiteren Weg für mich vorbereitet hatte.

Diese absurde Parallelität wurde mir allerdings erst später klar. Als ich dort in meinem Bett lag, ging es für mich erst einmal ums Überleben. Große Fortschritte gab es nicht. Ich konnte nichts bei mir behalten, nahm beinahe zehn Kilo ab und kein Antibiotikum schlug an. Niemand wusste, was zu tun war. Die Ärztin zuckte mit den Schultern und die Schwestern schauten mitleidig drein. Es passte einfach nicht zusammen: Mein Körper behielt nichts bei sich, jeden Morgen war mein Laken blutig und gleichzeitig traten immer wieder Panikattacken auf, die ich aber auch zuvor schon gehabt hatte.

Es dauerte über eine Woche, bis eine endgültige Diagnose stand: MRSA.

Vier kleine Buchstaben, die ich bisher nur unter dem Begriff Krankenhauskeim gekannt hatte. Mehrmals im Jahr hatte ich Beerdigungen von Menschen gehalten, die an einem solchen Keim gestorben waren. Sie waren jedoch alle mindestens fünfzig Jahre älter als ich gewesen. Entsprechend groß war die Verwunderung bei den Ärzten und dem Personal, denn in meinem Alter war es beinahe unmöglich, sich einfach so mit MRSA anzustecken, oder wie mir die Oberärztin erklärte: »Für gesunde Menschen ist MRSA in der Regel ungefährlich. Für immungeschwächte Patienten auf Intensivstationen, Krebskranke, Chirurgie-Patienten, frühgeborene Babys oder Menschen mit chronischen Wunden hingegen können multiresistente Erreger lebensgefährlich werden.«

Bisher war ich mir ganz sicher gewesen, zu keiner dieser Gruppen zu gehören.

Allerdings hatte mein Immunsystem unter dem Stress und der Überarbeitung der letzten Monate mehr als nur gelitten. Es war beinahe verschwunden. Und so lag ich nun in diesem Isolierzimmer und bekam eine Auszeit von allem, was sonst meinen Alltag bestimmte.

In dieser Gebetskammer aus Plastikfolie und Desinfektionsmitteln begann meine Reise hin zu einem intensiven Leben der Nachfolge.

Auf ins Abenteuer

Ich bin der festen Überzeugung, dass die Angst vorm Versagen uns nicht aufhalten sollte, einen Schritt im Glauben zu tun. Selbst wenn es im gleichen Moment bedeutet, alte Sicherheiten zu verlassen. Selbst wenn es bedeutet, Schmerzen und unbequeme Wege zu erdulden. Das ist notwendig, wenn wir uns von dem Ort, an dem wir sind, zu dem Ort begeben, an dem Gott uns haben will. Mit anderen Worten: Ein gelebter und brennender Glaube kostet dich etwas. Gelebter Glaube ist nämlich nicht bloß ein Lippenbekenntnis. Eigentlich ist genau das Gegenteil gemeint: ein Glaube, der zu einem Ausdruck vollständiger Bereitschaft und Hingabe wird. Ich möchte mit einigen Beispielen verdeutlichen, wie Gott unser Leben auf den Kopf stellt, wenn wir ihm nachfolgen.

Als Gott Mose aus dem brennenden Busch zu sich rief, antwortete Mose ihm mit »Hineni«. Vermutlich weißt du, welche Aufgabe Mose daraufhin bekommen hat. (Es hat mit einem ziemlich zornigen Pharao, einem geteilten Meer und einigen Jahrzehnten mit einem murrenden Volk in der Wüste zu tun.)

Als Gott eines Tages »Abraham« rief, antwortete dieser: »Hineni!«, ohne zu ahnen, dass Gott ihn auffordern würde, auf einen Berg zu steigen und seinen Sohn zu opfern.

Dreimal musste Gott den jungen Samuel rufen, bis dieser schließlich ihm und nicht Eli antwortete: »Hineni!« – »Rede Herr, denn dein Knecht hört.«

Viele Hundert Jahre später fragte Gott, wer für ihn in den schwierigen Dienst des Propheten treten würde. Jesaja antworte: »Hineni! Sende mich!«

Kinder sagen es zu ihren Eltern, um zu signalisieren, dass sie bereit sind, dem Wunsch der Eltern zu folgen. Familienmitglieder sagen es einander, um ihre Bereitschaft auszudrücken, füreinander einzustehen und zu handeln.

Diese wenigen Beispiele zeigen bereits, in welche Richtung wir uns bewegen. Es ist eine Reise in ein fremdes Land, in dem wir unsere Welt und unsere Ansichten und Sicherheiten hinter uns lassen müssen. Der Grund dafür ist simpel: Gott selbst hat alle Ansichten und Sicherheiten hinter sich gelassen, als er in Jesus zu uns gekommen ist. Am Kreuz hat Gott auf einmalige, perfekte und unübertreffliche Weise gezeigt, wie groß seine Liebe für uns ist. Er hört uns permanent zu und sieht in unsere Herzen.

Das ruft nach Liebe. Das erfordert Hingabe, Verfügbarkeit und Opferbereitschaft für den anderen. Gott hat alles für uns gegeben, aber wird er auch in uns bedingungslose Hingabe und Bereitschaft finden, die Kosten des Glaubens zu tragen?

Was wäre, wenn Gott deinen Namen heute laut rufen würde? Bist du bereit, dich ihm für den Dienst anzubieten, den er für dich hat, ohne zu wissen, worum es sich handeln könnte?

Wir müssen nicht warten, bis wir einen hörbaren Ruf empfangen. Der Neustart bei Gott steht dir und mir immer offen. Es ist ein Lebensstil, bei dem wir in Gottes Gegenwart treten, indem wir ihm sagen, dass wir bereit sind, seinen Willen zu tun.

Wie so oft begann auch bei mir dieses große Abenteuer mit einem kleinen Schritt.

Alte Weisheiten

Man weiß nie genau, wann einem die Dinge begegnen, die das Leben verändern werden. Es gibt ein kleines Gebet, das sich mehrmals in der Bibel findet. Es ist ziemlich einfach. Die kurze Variante besteht auf Deutsch aus drei Worten, die lange aus fünf. Man kann es sich also leicht merken. Bewusst habe ich diese drei Worte zum ersten Mal in meinem zweiten Semester an der Universität gehört, in einer Vorlesung über Kirchengeschichte. Unser Professor hatte die Angewohnheit, die manchmal recht trockene Vorlesung alle paar Minuten mit guten und weniger guten Witzen zu unterbrechen. Dann blickte er schief grinsend über den Rand seiner Brille, um einen Lacher einzusacken.

Um welches Thema es an diesem Tag ging, weiß ich beim besten Willen nicht mehr. Das sagt wahrscheinlich einiges über mein Gedächtnis und noch viel mehr über die Gründlichkeit meiner Mitschriften aus. Ich würde meine Notizen aus der Vorlesung nicht mal finden, wenn mein Seelenheil dran hinge – Gott sei Dank tut es das nicht. Vermutlich ging es um irgendeine Figur der frühen oder mittleren Kirchengeschichte. Und es ging darum, dass Gott spricht, denn diese Information war das Set-up für den Witz. Insgesamt geschah etwa Folgendes:

Professor (plötzlich und mitten in einem Satz über die Erlebnisse eines armen Menschen aus dem Mittelalter, an den ich mich beim besten Willen nicht erinnern kann): »Wissen Sie eigentlich, dass es nur ein hebräisches Wort gibt, dass Sie sich wirklich merken müssen?«

Kurs (in Erwartung des Witzes stumpf dreinblickend): »...«

Professor: »Ich war ja nie wirklich gut in Hebräisch. Aber ein Wort habe ich mir gemerkt. Wenn Gott zu jemandem spricht, ist die Antwort, die man gibt, ein einziges Wort. Hineni. Mehr nicht.

Das ist Hebräisch für Hier bin ich. Und da Gott ja offensichtlich vor allem Hebräisch spricht, habe ich mir schon als Student gedacht, dass es vielleicht ganz sinnvoll wäre, sich wenigstens das zu merken. Man weiß ja nie.«

Ich weiß nicht, ob und wie oft Gott zu meinem Professor für Kirchengeschichte gesprochen hat. Oder wie die Gespräche gelaufen sind, wenn man bedenkt, dass sein hebräischer Wortschatz anscheinend ziemlich begrenzt war und dies seine Hauptgebetssprache war. Aber vielleicht war das ja auch nur Ironie. Doch dieser eine Satz wurde für mich lebensverändernd. Denn genau dieses kleine Gebet benutzte Gott, um mich in den Wochen und Monaten nach meiner Aufnahme im Krankenhaus »auf links zu krempeln«.

Ich schlief nachts auf meiner Bibel ein. Versuchte, so viele Verheißungen Gottes wie möglich aufzusaugen. Wie ein ausgetrockneter Schwamm lechzte ich danach, Gott als Heiler und Tröster zu erleben. Und immer wieder stolperte ich über diese Worte:

Hier bin ich. Hier bin ich. Hier bin ich.

Ich betete. Laut, leise, mit Tränen. Es ging inzwischen gar nicht mehr so sehr um die Zeit im Krankenhaus. Mit einem Mal war das Ganze deutlich größer geworden.

»Hier bin ich« ist eine alte Weisheit. Viel älter als du oder ich. Älter als unsere Kirche. Sie steht schon ganz am Anfang der Geschichte Gottes mit uns Menschen. Diese Art zu leben, führt uns an den Beginn unseres Menschseins. Und gleichzeitig ist sie neu, weil Gott unser Leben ständig und beständig erneuern wird. Wir Menschen sind so oft auf der Suche nach dem neusten Trend oder dem letzten Schrei. Auch ich dachte: Es muss doch ein Konzept geben, das mein Problem X löst. Aber jedes Mal warteten nur neue Enttäuschungen auf mich.

»HIER BIN ICH« IST EINE ALTE WEISHEIT.

Nun war es an der Zeit, loszulassen. Es war an der Zeit, dass ich mich ganz in Gottes Gnadenmeer fallen ließ mit der festen Hoffnung, dass er mich nicht ertrinken lassen würde.

Damals begriff ich: Gott hatte mir die Auszeit gegeben, weil er etwas von mir wollte. Er wollte Veränderung. Er wollte mich. Und das war schmerzhaft, weil ich mir eingestehen musste, dass ich auf dem falschen Weg war. Dass ich viel zu lange eine ganze Menge an Masken getragen hatte. Weil ich perfekt erscheinen wollte. Weil ich geliebt werden wollte. Weil ich meine Bestätigung immer an den falschen Orten gesucht hatte. Es war die Sünde, perfekt sein zu wollen. Wie ein Bollwerk hatte ich diese Mauer um mich herum hochgezogen. Und dann zerbrach Gott all das.

Ich ahnte noch nicht, dass die nächsten zweieinhalb Jahre die härtesten meines Lebens werden würden. Aber gleichzeitig waren es zweifellos die besten Jahre, denn ich habe in dieser Zeit sehr viel gelernt.

Die neue Perspektive

Wenn du deine Umstände nicht ändern kannst, ist es an der Zeit, die Perspektive zu ändern. Und was könnte für eine neue Perspektive hilfreicher sein, als auf einen Berg zu steigen?

Nach meinem langen Krankenhausaufenthalt packte ich meinen Rucksack und war einige Tage in den Alpen unterwegs. Dazu muss man wissen, dass ich ein norddeutscher Jung bin. Ich hatte davor noch nie einen richtigen Berg gesehen – von hinaufklettern ganz zu schweigen. Entsprechend geschafft war ich, wenn ich abends auf der nächsten Hütte ankam, um mein Lager für diese Nacht zu beziehen. Ich lud meinen Rucksack ab, in dem sich alles befand, was ich auf dieser Reise dabei hatte. Es war ein wundervoller Tausch:

ein Krankenzimmer mit Sicherheitsschleuse und Personal, das sich immer in Plastikanzüge kleidete, die ich sonst nur aus Filmen über Alieninvasionen kannte, gegen das offene Panorama der Alpen. Und so stand ich mitten in den Bergen, der kalte Nachtwind fuhr mir durchs Gesicht, und ich war mit einem Mal weit weg von allem Bekannten. Von allem, was mich festhielt. Wenn das mal kein Perspektivwechsel war!

Ich blickte zu den Sternen und dachte an Abraham. Tausende Jahre zuvor hatte Gott zu diesem Mann gesagt: »Schau hinauf zum Himmel. Kannst du etwa die Sterne zählen?« (1. Mose 15,5). Gott verbindet die simpelsten Dinge zu einer Geschichte des Neuanfangs. Die Sterne am Himmel waren schon immer da. Abraham hatte sie schon unzählige Male angeschaut. Hatte vielleicht in einer ruhigen Minute versucht, sie zu zählen, immerhin hatte er kein Smartphone, um die Zeit totzuschlagen. Aber in dieser Nacht war alles anders. Gott gab ihm eine Verheißung. Das Versprechen, ihn an den Ort zu führen, an den er gehörte. Ihm Nachkommen zu schenken. Ein ganzes Volk, das aus ihm entstehen sollte.

Ich blickte in den Himmel, wie Abraham es damals getan hatte. Er wusste nicht, wie es für ihn weitergehen sollte. Er wusste nicht, was der nächste Tag bringen würde. Er wusste nicht mal genau, wer er war. Er saß einfach nur irgendwo in der Wüste, hinter sich das Zelt, neben sich das Kamel, doch tief in ihm brannte das unauslöschliche Vertrauen, dass Gott jeden Moment seines Lebens in der Hand hielt. Dass es nichts gab, das außerhalb von Gottes Willen lag, und dass er sich einfach nur auf diesen Gott einlassen musste.

Und in dieser Situation sprach er ein einfaches Gebet. Ganz leise sagte er die Worte in die Dunkelheit der Nacht. Hauchte sie beinahe, weil er wusste, dass Gott ihn hörte.

»Hier bin ich.«

Hier beginnt das Leben der Nachfolge: Wenn wir realisieren, dass Gottes Wille in jedem Moment alles trägt. Daraus wächst die unglaubliche Freude des christlichen Lebens. Es ist zugleich die Schönheit und die Ernsthaftigkeit der Nachfolge, dass sie immer nur im Hier und Jetzt möglich ist. Ich kann nicht in einem Moment der Vergangenheit nachfolgen und ich kann ebenso wenig jetzt sagen, was ich tun werde, wenn ich einmal in dieser oder jener Situation sein werde. Nachfolge ist immer nur jetzt möglich. Die Vergangenheit mag mich an diesen Punkt gebracht haben und die Zukunft ist das Ergebnis meiner heutigen Entscheidung. Aber nachfolgen kann ich einzig und allein in diesem Moment.

Das mag simpel klingen, aber für mich war es eine großartige Entdeckung, denn es befreite mich zum einen davon, meine Vergangenheit ständig durchzuspielen, und zum anderen davon, mir die schlimmsten Szenarien für meine Zukunft auszumalen. Alles, was Gott von mir wollte, war mein Jetzt. Als ich mit diesem Gedanken in den Alpen umherwanderte, fühlte ich mich befreit. Es ging nur um diese Zeit. Alles andere konnte ich hinter mir lassen.

NACHFOLGEN KANN ICH EINZIG UND ALLEIN IM HIER UND JETZT.

Immer wieder habe ich mit Menschen gesprochen, die auf der Suche nach Gottes Willen waren: Für ihr Leben, ihren Beruf, ihre Ehe, ihre Gemeinde. Ich habe es genauso gemacht. Immer wieder. Bis zu diesem Moment der Hingabe. Mit einem Mal wurde mir klar, dass Gottes Wille viel einfacher ist, als ich dachte. Ich suche nicht nach seinem Willen, sondern ich antworte auf seinen Willen. Gott setzt sich durch. Im Hier und Jetzt.

»Hier bin ich.«

Abraham ist der Erste, der diese Worte in der Bibel spricht (1. Mose 22,1). Aber er ist bei Weitem nicht der Einzige. Eine lange Kette von Glaubenden haben dieselben oder ähnliche Worte gebraucht. Menschen, denen Gott begegnet ist. Menschen, die das dringende Bedürfnis hatten, immer mehr von Gott zu erfahren.

Abraham sucht nach dem nächsten Schritt und folgt Gott auf dem Weg ins Unbekannte hin zu großen Verheißungen. Mose wird aus seinem Alltag geholt und führt eine neue Generation von Menschen zu Gott zurück. Samuel wird von Gott aus dem Schlaf gerissen und lebt als sein Prophet für ein taubes Volk. Jesaja steht mit allen Fehlern, Schwächen und Sünden vor Gott und wird ausgerüstet für Großes. Die Reihe ließe sich endlos fortsetzen: Debora, Ruth und Ester, Gideon, David und Josia. Maria, die Mutter von Jesus, und Johannes der Täufer. Timotheus, Paulus, Lydia und Priscilla. All diese Menschen stellen sich in den entscheidenden Momenten Gott ganz zur Verfügung, weil sie wissen, worauf es ankommt, wenn Gott mit Macht in ein Leben bricht und mit Macht die Perspektive neu ausrichtet. Ein hebräisches Wort, drei kleine Worte auf Deutsch:

»Hier bin ich.«

Eine kleine Warnung

Beim Wandern in den Bergen sah ich immer wieder Schilder mit Warnhinweisen, die unpassierbare Wege und steile Abhänge kennzeichneten. Entweder sollte man diese Wege gar nicht begehen oder nur mit einem gewissen Level an Erfahrung.

Ein kleines Warnschild möchte ich nun auch hier aufstellen: Dein Leben wird sich verändern.

Egal, wie schwach dein Glaube gerade ist – Gott ist stärker. Egal, wo du gerade herkommst und was du bisher erlebt hast – Gott ist größer. Egal, was du gerade über dich selbst denkst – Gott liebt dich. Ein schwacher Glaube braucht einen starken Gott. Und dieser starke Gott wird nach und nach an dir sichtbar werden. Die Menschen in deiner Nähe werden sehen, dass dein Leben sich verändert, seit du mit Gott unterwegs bist. Sie werden sehen und erkennen, dass sich dein Blick auf das Hier und Jetzt verändert hat. Dass du nicht mehr einfach nur als Reaktion auf deine Umwelt lebst, sondern dass du als Reaktion auf Gott lebst, der dich zu sich gerufen hat.

Zu viele Menschen leben ihr Leben ohne Sinn und Verstand vor sich hin. Sie drehen sich im Kreis und wandern taub durch die Wüste ihres Lebens. Auf dem Weg aus dem Krankenhaus zurück in meine Gemeinde wurde mir das deutlicher als je zuvor. Wir Menschen sind zerbrechlich und voller Sehnsucht.

Wenn wir tief genug in uns hineinhorchen, stoßen wir darauf. In uns lebt die Sehnsucht, uns an etwas hinzugeben, das größer ist als wir selbst. Wir sind auf Hingabe angelegt.

Hingabe heißt: Ich werde durch etwas Faszinierendes, das größer ist als ich selbst, dazu verlockt, mich loszulassen und mein Leben daran zu verschwenden. Gott zu finden und mit ihm zu leben, ist ohne den Preis der Hingabe nicht möglich. Und die Heimatlosigkeit, die Menschen immer wieder überfällt, hat nicht zuletzt auch etwas damit zu tun, dass sie sich nicht hingeben können oder wollen.

Denn Hingabe ist gefährlich. Wenn ich von Hingabe spreche, meine ich keine Teil-Hingabe oder ein wenig Leidenschaft, sondern eine die ganze Person umfassende Hingabe. Eine Hingabe, die das ganze Sein verschlingt. Es ist die Sehnsucht nach etwas, an das ich mein Herz verlieren kann. Genau das ist jedoch immer mit Risiken verbunden. Es ist immer ein ungeheures Wagnis. Ich setze mich selbst aufs Spiel. Dabei kann ich alles gewinnen oder alles verlieren. Ich habe ja nur ein Herz.

Aber erst wenn ich mein Herz verliere, finde ich mich. Wo mein Herz ist, da ist nämlich auch mein Zuhause, da gehöre ich hin.

Und vielleicht stoßen wir damit an das eigentliche Geheimnis unserer Sehnsucht: Wir wollen wissen, wo wir hingehören – im Gelingen und im Scheitern, auf den Höhen und in den Tälern unseres Daseins, im Leben und im Sterben. Wir wollen irgendwo ganz »zu Hause« sein.

Kennst du das? Dann bist du hier richtig. Denn alles beginnt mit einem Satz.

Die wunderbarste Beziehung

»Hier bin ich.«

Diese drei Worte, die wunderschön miteinander verflochten sind, bilden einen der mächtigsten Sätze der Schrift. Tatsächlich würde ich es wagen, zu sagen, dass es einer der eindrucksvollsten Sätze ist, die wir jemals sprechen können. Aber wie kommt es, dass eine kleine Phrase so viel Macht hat? Wie können diese Worte deinen geistlichen Weg radikal verändern, indem sie Glauben und Mut entzünden, die anders sind als alles, was du je gekannt hast?

Die folgenden Seiten und Kapitel wollen dich mitnehmen auf eine Reise durch deine Zweifel, den geistlichen Schluckauf und die Ängste, um aufzudecken, welchen Stellenwert Gott in deinem Leben wirklich hat.

Dabei betrachten wir unterschiedliche Menschen in der Bibel, die die Worte »Hier bin ich« gesagt und mit eifrigem Gehorsam geantwortet haben, als Gott sie zum nächsten Schritt im Glauben berufen hat. Jeder von ihnen zeigt, wie es aussieht, Hindernisse zu überwinden und an den Punkt zu kommen, an dem wir den Ruf Gottes hören und entsprechend reagieren.

Wir werden den Vorhang ihres Lebens zurückziehen und herausfinden, was sie bewegt hat. Wir werden untersuchen, wie sie bei ihrem Streben nach eigener Gerechtigkeit versagt haben, wo und wie Gott ihr Leben verändert hat und welche Bedeutung ihr »Hier bin ich« hat. Mein Gebet ist, dass du dadurch ebenfalls deine Stimme findest und sagst: »Gott: Hier bin ich. Sende mich.«

Aber ich will dich nicht nur mit netten Geschichten inspirieren und sagen: »Jetzt streng dich ein bisschen mehr für Gott an!« Billige Magie und falsche Versprechungen haben wir in unserer Welt und zwischen zwei Buchdeckeln schon genug. »Hier bin ich« ist kein Zauberspruch oder ein Mantra, das du nur oft genug wiederholen musst, damit es wirkt. »Hier bin ich« sind Worte, die uns an etwas erinnern sollen. Sie sollen dich und mich immer wieder daran erinnern, wer Gott ist. Sie sollen uns immer wieder vor Augen halten, dass all unser Handeln ganz von Gott abhängig ist.

Von den Nächten in meiner Gebetskammer aus Plastikfolie bis zu diesem Buch war es eine ziemlich lange Reise. Unterwegs habe ich Menschen getroffen, die genau wie ich auf der Suche nach einer neuen Begegnung mit Gott waren. Nach und nach haben wir uns gesammelt. Nicht um diese drei Worte, sondern um den lebendigen Gott, der sie hört. Gott hat uns in dieser Zeit eines unmissverständlich gezeigt: »Du wirst dich selbst nicht finden, wenn du mich nicht findest. Um herauszufinden, was der Sinn deines Lebens ist, musst du herausfinden, wer ich bin.«

Die lange Kette von Menschen, die diesen Weg mit Gott gehen, reißt nicht ab. Immer wieder treffe ich Leute, die genau so leben. Mit ganzer Hingabe in der Nachfolge Gottes. Nicht nur für sich selbst, sondern als Ansporn für eine ganze Generation.

Ich habe die Geschichten, in denen Menschen diese drei Worte gesagt haben, immer wieder gelesen. Hier bin ich. Hier bin ich. Hier bin ich. Sie sagten sie voller Angst, voller Vertrauen, mit Mut, mit Tränen. Da waren sie nicht anders als ich. Und jeder, der dieses Gebet sprach und es so meinte – über alle Jahrhunderte und Jahrtausende hinweg – machte eine Erfahrung, die mit nichts anderem zu vergleichen ist: Gott antwortet auf dieses Gebet.

Die DNA unseres Glaubens beinhaltet immer einen Hunger nach Gott. Eine Sehnsucht nach mehr. Das ist der Heilige Geist in uns. Er lässt uns nach dem eigentlich Unmöglichen streben. Er richtet uns auf und zieht uns immer wieder zu Gott. Und zugleich macht er es unmöglich, beim Altbekannten stehen zu bleiben. Genau da sto-

GOTT ANTWORTET AUF DIESES GEBET.

ßen wir mit unseren christlichen Routinen an Grenzen. Dabei ist ein Leben mit Gott alles andere als bloße Routine. Die wunderbarste und tiefste Kommunikation findet nur statt, wenn ich mein Gegenüber kenne. In unserer zwischenmenschlichen Kommunikation macht das den Unterschied zwischen Small Talk und einem echten Gespräch. Gott ist nicht für Small Talk da. Gebete, Gespräche, Leben mit Gott sind alles andere als einseitig.

Wir stehen an der Schwelle zum Himmel. Jesus wurde einmal von seinen Jüngern gefragt, wie sie beten können. Seine Antwort war das Vaterunser. »Dein Reich komme. Dein Wille geschehe, wie im Himmel, so auf Erden.«

Gott hat alles im Griff. Er möchte, dass wir mit ihm leben. Dazu hat er uns in Jesus befreit.

Also: Rauf auf den Berg! Stell dich deinen Ängsten. Mache Fehler. Lerne. Versuch es noch einmal. Erlebe, wie Gott mehr tut, als du dir jemals vorstellen könntest!

TEIL 1:

HIER

Acht Jahre bevor ich in meiner Gebetskammer aus desinfizierten Folienwänden von Gott gerufen wurde, fiel die Tür meiner ersten Studentenbude ins Schloss. Der Umzug war geschafft. Ich war von zu Hause ausgezogen. Das Auto meiner Eltern fuhr weg und ich war allein.

An meinen Schülerfantasien gemessen, hätte sich jetzt eigentlich eine ganze Menge an Gefühlen Bahn brechen müssen, von Freude bis Freiheit. Ich fing aber einfach nur an, zu weinen. Ich wusste in diesem Moment, dass ich noch oft umziehen würde. Wer wollte schon sein Leben lang in einer Studentenbude wohnen? Aber vor allem wusste ich, dass ich nie wieder in das Haus einziehen würde, in dem ich aufgewachsen war. Ich wusste, dass dieser Abschnitt meines Lebens für immer vorbei war. Und auch wenn mir das eigentlich vorher schon klar gewesen war, spürte ich es in diesem Moment mit ganzer Härte. Selbst wenn ich ein Dach über dem Kopf hatte, war ich auf eine gewisse Weise heimatlos geworden. Damit war ich in einem Grundzustand des Christseins angekommen.

Es gibt eine Heimatlosigkeit, die durch und durch christlich ist. Denn Christen sind nicht mehr von dieser Welt, auch wenn sie in der Welt bleiben (Johannes 17,14-15). Die meisten von uns verstehen das abstrakt. Wir wissen, dass Jesus uns aus dieser Welt auserwählt hat (Johannes 15,19) und dass wir aufgefordert sind, hier auf der Erde nur als »Gäste und Fremde« zu leben (Hebräer 11,13).

Trotzdem ist es schwierig, sich an die konkrete Erfahrung zu gewöhnen, dass es nie so richtig passt. Egal, wo wir sind, egal, was wir tun, wir sind Fremde und fühlen uns etwas fehl am Platz. Bis wir mit dieser Realität wirklich zurechtkommen, werden wir immer wieder Desorientierung empfinden und Enttäuschung.

Stell dir einmal einen Karton vor und schreib in Gedanken darauf mit einem dicken Filzstift »Hier«. Es ist ein ziemlich großer Karton. Nicht bloß ein Schuhkarton oder eine der Abermillionen Amazon-

Kisten, die täglich durch unser Land gefahren werden, sondern ein Riesenkarton für die ganz große Perspektive, wie du sie hast, wenn du von einem Berg herabschaust. Stell dir vor, du würdest aus dieser Perspektive auf dein ausgebreitetes Leben hinabblicken. Was du siehst, ist groß und unüberschaubar. Und vor allem: Es ist zwar dein Leben, aber es ist nicht deine Heimat.

- Dein Körper ist nicht deine Heimat. Er wird eines Tages sterben.
- Der Ort, an dem du lebst, ist nicht deine Heimat. Kein Heimwerkerprojekt wird ihn jemals zu dem Himmel machen, den du suchst.
- Deine Ehe ist nicht dein Zuhause. Selbst die beste Ehe endet, wenn »der Tod sie scheidet«.
- Deine Kinder sind nicht deine Heimat. Jede noch so gute Erziehung zielt darauf ab, dass sie eines Tages das Haus verlassen.
- Deine Freundschaften sind nicht deine Heimat. Selbst die besten gehen durch schwere Zeiten und es ist unklar, welche ein Leben lang halten.
- Deine Ortsgemeinde ist nicht deine Heimat. Wie dein menschlicher Körper wird die Gemeinde eines Tages ein vollkommener, verherrlichter Leib Christi sein (Römer 12,5; Epheser 5,27). Aber gerade jetzt erinnern uns Sünde, Zerbrochenheit und Versagen daran, dass unsere Ortsgemeinde noch nicht unsere Heimat ist.
- Dein Beruf ist nicht deine Heimat. Oft vergeht die erste Hälfte des Lebens damit, sich auf ein Lebenswerk vorzubereiten, und die zweite Hälfte damit, herauszufinden, warum es nicht so funktioniert, wie man es sich erhofft hat.

Diese Liste ließe sich beliebig fortsetzen. Gemeinsam haben alle Punkte, dass man sie mit ein wenig Anstrengung beeinflussen kann. Meinen Wohnort ändere ich durch einen Umzug. Meinen Beruf durch eine Umschulung, einen Neustart in einem anderen Berufsfeld oder durch eine Selbstständigkeit. Die Möglichkeiten sind vielfältig. Den Menschen, denen ich täglich begegne, kann ich aus dem Weg gehen, manchen vielleicht leichter als anderen, aber spätestens wenn ich umziehe und mein Handy ins Meer werfe, habe ich Ruhe.

Alle Punkte auf dieser Liste haben noch eine weitere Gemeinsamkeit: Jede Änderung ist nur oberflächlich und auf Zeit. Wie viele Menschen kennst du, die gefühlt immer wieder von vorn anfangen und am Ende immer wieder in einer ähnlichen Situation landen? Bei einem Partner, der eine Kopie des vorherigen sein könnte (nachdem sie geschworen hatten, nie wieder einen solchen Fehler zu machen), in einem Job, der nur zu Frust führt, und an einem Ort, an dem sie sich nicht zu Hause fühlen.

Das hat einen einfachen Grund: Alles, was sich in der großen Hier-Kiste befindet, sind Dinge und Begebenheiten aus meiner Umgebung, die nichts mit meinem Inneren zu tun haben. Es sind lediglich die Umstände um mich herum. Aber oft reichen die schon aus, um mich aufzuhalten und zu beschäftigen. Vielmehr noch: Sie geben mir den Anschein, dass ich an diesen Dingen nur ein wenig verändern müsste, damit mein Leben endlich in den richtigen Bahnen läuft. Besser noch: All diese Themen können mich dazu verleiten, mich ständig weiter mit ihnen zu beschäftigen. Ich drehe mich im Kreis und nähere mich keinen Millimeter meinem wahren Problem. Ich bin einfach nur beschäftigt. Um zu dem Kern der Nachfolge und zu dem Grund des Glaubens vorzudringen, müssen wir aber dichter an unseren eigenen Kern.

In meinem Alltag als Pastor treffe ich immer wieder auf Menschen, die zwar in schönen Häusern wohnen, aber kein Heim haben. Menschen, die von ihrer Familie umgeben sind, sich aber einsam fühlen. Menschen, die auf der Suche nach einem Zuhause sind. Nach einer Heimat, die nur Gott ihnen zeigen kann. Dieser Weg beginnt außen und führt zwangsweise immer weiter nach innen.

Abraham wurde von Gott in genau so eine Situation geführt. Sein Hier änderte sich von Grund auf. Er ließ alles Bekannte hinter sich. Gott riss ihn förmlich aus seinem Leben und seiner bekannten Umgebung, um ihm zu sagen: »Ich fange neu mit dir an. Von nun an gibt es nur noch dein Leben vor meinem Wort an dich und das Leben danach. Jetzt beginnt etwas Neues.« Nachfolge führt in ein neues Land.

In der Zeit zwischen dem ersten Ruf Gottes und seinem »Hier bin ich«-Moment hatte Abraham eine ganze Menge zu tun und machte viele Fehler. Es gab Höhen und Tiefen. Mal gehorchte er Gott aufs Wort, Mal versuchte er, sein Schicksal selbst in die Hand zu nehmen, und scheiterte kläglich. Aber durch all das reifte er zu einem Mann, der Gott immer näher kennenlernte und ihm nachfolgte.

Als Abrahams »Hier bin ich«-Moment kam und Gott ihn rief, war er im Feuer geschmiedet worden und konnte mit festem Glauben und Gehorsam losziehen.

DIE ERSTE NACHT – NACHFOLGE IST NEUER MUT

Das Gepäck bei einer Bergwanderung sollte begrenzt sein. Immerhin muss man – anders als im normalen Leben – in dieser Zeit alles, was man hat, auf dem Rücken mit sich herumtragen. Ich hatte mich daher auf das Nötigste beschränkt.

Die einzigen Dinge, die ich streng genommen nicht für die Wanderung brauchte, befanden sich in einer Vordertasche meines Rucksacks: eine Bibel und ein Notizheft. Beim Packen hatte ich beides fast automatisch in den Rucksack gesteckt, weil es schon lange meine Angewohnheit war, eine Bibel mitzunehmen, wenn ich das Haus verließ. Ich ahnte nicht, dass sie auf dem Berg wichtiger werden würde als alles andere im Rucksack.

Am ersten Tag fragte ich mich öfter, was ich mir da eingebrockt hatte. Ich war weder ein Kind der Berge noch sportlich oder mit großer Erfahrung im Wandern gesegnet. Ich spürte jeden Knochen und jeden Muskel meines Körpers. Ich spürte sogar Muskeln, von denen ich gar nicht geahnt hatte, dass ich sie besaß. Als ich schließlich bei der ersten Hütte ankam, saß ein größerer Teil (sprich: der Rest) der Gruppe bereits mit einem Bier in der Abendsonne an einem Tisch.

Nach einem ordentlichen Hüttenessen fielen wir auf das Schlaflager. Mein Kopf hatte noch nicht ganz das Kissen berührt, da schlief ich schon. Allerdings nicht so lange, wie ich es mir ausgemalt hatte. Schon nach ein paar kurzen Stunden wurde ich wieder wach. Ich dachte an die Orte und die Erfahrung im Krankenhaus, die ich hinter mir gelassen hatte. Ich fragte mich, ob sie wohl am Fuß des Berges auf mich warten würden, um mich freudestrahlend wieder in Empfang zu nehmen, wenn ich zurückkam.

An Schlaf war nicht mehr zu denken! Ich schälte mich aus meinem Schlafsack, nahm meine Bibel und stieg so leise wie möglich die Leiter aus dem Schlafsaal hinab. Draußen setzte ich mich unter den Sternenhimmel und betete. Mit wenigen Worten legte ich alles vor Gott hin. Ich wusste, dass ich zwar aus dem Krankenhaus entlassen, aber noch lange nicht heil war. Ich schlug wieder die Stelle auf, als Abraham unter dem Sternenhimmel sitzt und sich bloß an Gottes Verheißungen klammern kann. Ich fühlte mich diesem Mann so nahe.

Für mich gab es in diesem Moment nichts anderes als Gottes Verheißungen. Ich war überwältigt. Sowohl positiv als auch negativ. Ich war überwältigt von Gottes Schönheit und seiner Macht. Aber gleichzeitig war ich ein Junge, der auf einem Berg saß und Angst hatte.

Ich rang damit, eine Kirche im platten Land von Schleswig-Holstein mit neuem Leben zu füllen. Ich rang mit meiner eigenen Angst, die mir immer wieder sagte, dass ich nicht zum Leiten berufen sei.

Es waren die gleichen Ängste, die große Männer und Frauen in der Geschichte Israels empfunden haben. Auf den Seiten der Bibel können wir darüber lesen. Im echten Leben verstecken wir sie lieber in einem tiefen Loch oder hoch oben auf einem Berg.

Es ist nicht falsch, Angst zu empfinden. Aber es ist falsch, diese Angst das letzte Wort in seinem Leben haben zu lassen. Die Menschen, die die erstaunlichsten Dinge zur Ehre Gottes vollbringen, sind nicht diejenigen, die am wenigsten Angst haben. Oft sind es gerade die Menschen, die mit der intensivsten Angst umgehen. Aber anstatt sich von dieser Angst ihre Träume zerstören zu lassen, klammern sie sich nur umso fester an Gott. Sie halten Ausschau nach den sichtbaren Momenten von Gottes Leitung und folgen ihnen. Und den Rest überlassen sie ihm.

STATT SICH VON DIESER ANGST IHRE TRÄUME ZERSTÖREN ZU LASSEN, KLAMMERN SIE SICH NUR UMSO FESTER AN GOTT.

Dies taten auch Abraham und Sara, die ich in dieser Nacht auf dem Berg getroffen habe und von denen die nächsten Kapitel handeln. Gott öffnete mir durch diese beiden Menschen und ihre »Hier bin ich«-Momente neu die Augen. In dieser ersten Nacht stellte er meine Angst und meine Unsicherheit auf die Probe.

ABRAHAM & DER NEUE ANFANG

Sterne

Der Mann wischte sich über die Wange. Ein letzter Rest Sand knisterte zwischen seinen Fingern. Die feinen Körner waren überall, daran hatte er sich inzwischen gewöhnt. Neben ihm brach ein Scheit im Feuer. Er zog den Mantel fester um seine Schultern. Die Nächte wurden immer kälter. So viele Jahre war er schon unterwegs. Von einer Steppe zur nächsten. Von einem Brunnen zum anderen. Es war ein unstetes Leben. Trotzdem liebte er es. Hätte es gegen nichts in der Welt eingetauscht. Selbst wenn seine Knochen langsam anfingen, zu knacken.
Sara schlief schon seit einigen Stunden im Zelt. Sie hatte alles für ihn und den gemeinsamen Weg aufgegeben. Die ganzen Jahre war sie immer an seiner Seite geblieben. Er hätte sich nichts Besseres wünschen können.
Doch er merkte, dass die langen Reisen ihr mehr und mehr zusetzten. Sie wurde älter.
»Wie lange noch?«, seufzte er in die kühle Abendluft. »Wie lange noch?«

Er strich sich über seine eigene, faltige Haut. Nicht nur seine Frau wurde älter.

In letzter Zeit hatte er oft an die Tage ihrer Jugend gedacht. Bevor sie ein Leben auf Wanderschaft begonnen hatten, immer mit seiner Sara an seiner Seite und ihrem Hab und Gut im Schlepptau.

So viele Träume hatten sie gehabt. Und vor allem diesen einen Traum, größer als alle anderen. Einen Nachkommen. Seine Familie hatte immer wieder gefragt. Er wusste, dass sie darauf warteten. Ihm selbst ging es ja nicht anders. Er schloss die Augen und sog die kalte Nachtluft tief in seine Lunge. Die Tränen liefen inzwischen unkontrolliert. Er wusste nicht, wann er das letzte Mal so geweint hatte. Er fuhr sich über das Gesicht. Atmete langsam ein und aus.

Und mit einem Mal traf es ihn. Da war sie wieder! Eine Stimme, fein wie ein Lufthauch. Ein Schauer überfuhr ihn. Er war dieser einmaligen Stimme bis hierher gefolgt. In vollstem Vertrauen und ohne einen Blick zurück. Schritt um Schritt. Kilometer um Kilometer. Jahr um Jahr. Hoffnung um Hoffnung. Mit knackenden Knien erhob er sich. Er griff nach seinem Stab und folgte der Stimme. Wie mechanisch setzte er einen Fuß vor den anderen. Auf einer Anhöhe blieb er stehen. Über ihm tat sich der Himmel auf. Die Wolken zogen sich zurück. Von einem kleinen Windhauch getrieben, verschwanden sie aus seinem Blickfeld. Abermillionen kleine Lichter leuchteten über ihm am Wüstenhimmel. Die Tränen in seinen Augen ließen sie funkeln und über den Himmel tanzen. Dann hörte er wieder die Stimme. Langsam und ganz deutlich sprach sie. Abraham sog jedes Wort in sich auf. Jetzt wusste er, warum er den weiten Weg zurückgelegt hatte.

Wenn die Stimme ruft

Musstest du jemals jemanden oder etwas aufgeben, das dir wirklich wichtig war? Oder vielleicht wurde dir dieses liebe Ding genommen? Die meisten von uns, die diese Reise mit dem Namen Leben antreten, begegnen dieser tief empfundenen Herausforderung. Es gibt einen Mann in der Bibel, der die Kosten des Opfers und die Belohnung für die Nähe zu Gott besser kannte als viele andere. Sein Name ist Abraham.

Die Bibel erzählt immer wieder von Menschen, die sich auf eine Reise ins Land des Glaubens eingelassen und so Gott erfahren haben. Das Wunderbare ist: Jede dieser Reisen sieht anders aus. Sie haben alle unterschiedliche Startpunkte. Sie beginnen zu unterschiedlichen Zeiten. Die Story, die Gott mit deinem Leben schreiben will, ist anders als seine Geschichte mit mir. Das muss auch so sein, denn Gott hat für jeden von uns den Weg, der notwendig und passend ist. Bei Gott gibt es keine Pauschalreisen aus dem Katalog. Sein Weg mit dir ist ein individuell zusammengestellter Roadtrip mit spontanen Momenten, immer wieder neuen Höhepunkten und einer perfekt auf dich abgestimmten Route.

Abraham hat sich auf diesen Weg gemacht. Er hat alles Bekannte hinter sich gelassen. Er hat alles riskiert und ist mit Mut und Gottvertrauen den ersten Schritt gegangen. Man könnte ihn als den Urvater des Glaubens bezeichnen, denn er war einer der Ersten, der dies tat.

Dabei lassen die ersten Worte über ihn im Buch Genesis kaum auf ein großes Abenteuer schließen. Man vermutet eher, dass seine Geschichte nun bald zu Ende ist. Abraham ist 75 Jahre alt, Viehzüchter und hat ein Leben ohne große Höhepunkte hinter sich. Zumindest wissen wir nichts aus den 75 Jahren, bevor Gott zu ihm spricht.

75 Jahre, sein Leben war gelaufen. Was sollte noch Neues kommen? Der eine Wunsch, der ihn sein Leben lang begleitet hatte, war

nicht in Erfüllung gegangen. Mehr als alles andere wollte Abraham einen Sohn, dem er sein Erbe vermachen konnte. Selbst wenn wir hier einen Text aus einer längst vergangenen Zeit lesen: Auch damals war es nicht normal, mit 75 noch ein Kind zu bekommen, zumal Sara, Abrahams Frau, in einem ähnlichen Alter war.

Viele Menschen haben heute schon in jüngeren Jahren ähnliche Gefühle. Das Leben hat den Glanz verloren, besteht nur noch aus Wiederholungen, ist im Grunde gelaufen. Was soll da noch kommen? Wie bei Abraham hat sich das Leben längst aus dem Leben zurückgezogen. Jeder Tag sieht gleich aus. Alles ist in zwar gesicherten, aber auch eintönigen Bahnen gefangen.

Doch da passiert das Unerwartete: Gott mutet diesem Mann am Ende des Lebens einen Aufbruch zu! Er ruft ihn auf eine Reise. Dieser Ruf Gottes ist der sensible Moment der Nachfolge. Was machst du, wenn Gott dich ruft? Wie antwortest du, wenn Gott dir nicht die Antwort auf deine Bitten und Wünsche gibt, sondern dich zu einem neuen Leben herausfordert? Wenn es nicht um ein simples Geschenk geht, sondern um den mutigen Schritt in ein neues Leben?

Abraham geht diesen ersten Schritt und dann tritt das Versprochene ein: Abraham und seine Frau Sara werden Eltern eines Kindes. Gott segnet sie mit dem Geschenk neuen Lebens.

Vielleicht fragst du dich: Was hat Abraham aufbrechen lassen? War es die Zusage, dass er und seine Frau trotz ihres hohen Alters noch Kinder bekommen sollten? Es war sicher mehr als diese doch reichlich unrealistische Ankündigung einer Nachkommenschaft. Ich denke, was Abraham zu dieser Abenteuerreise in das Land des Glaubens aufbrechen ließ, war eine Ahnung, eine Vermutung, dass mit diesem Aufbruch wieder Leben in sein Leben einziehen würde.

MIT DIESEM AUFBRUCH WÜRDE WIEDER LEBEN IN SEIN LEBEN EINZIEHEN.

Abraham spürte hier zum ersten Mal etwas von der Welt, die Gott für ihn bereithielt. Zum ersten Mal erlebte er, was Leben bedeutet. Nicht, weil er es sich selbst geschaffen hatte oder weil er selbst die richtigen Bahnen gefunden hatte. Er fand das Leben, weil Gott es ihm zeigte. Weil Gott ihn rief.

Wie steht es um dein Leben? Kannst du es guten Gewissens Leben nennen? Oder ist es eher eine Abfolge von Momenten, die ihren Glanz schon lange verloren haben? Es ist nicht zu spät! Abraham war 75 Jahre alt, als es losging. Ich war bereits Pastor einer Gemeinde, als Gott sich entschied, durch den Schmerz hindurch nach mir zu greifen. Auch bei dir kann es jetzt so weit sein. Nötig ist nur der Mut zum Neuanfang!

Was uns Angst macht

Wovor hast du Angst? Ich glaube, es ist ganz gut, dass wir hier diese Frage stellen. Immerhin ist Angst der größte Faktor, der Veränderungen in unserem Leben blockiert.

Wenn ich von mir ausgehe, bin ich sicher, wir könnten eine Doppelseite mit Gründen für Angst füllen.

Ich hatte schon als Kind immer viel mit Angst zu kämpfen und meine Eltern hätten mich wahrscheinlich als ängstlich beschrieben. Ich blieb ungern alleine, fand mich nur schwer in neuen Umgebungen zurecht und eine Situation wie im Film »Kevin allein zu Haus« wäre mein Ende gewesen. Da hätte es nicht einmal die Einbrecher gebraucht.

In meiner Kindheit gab es eine Zeit, da konnte ich kaum in meinem Zimmer schlafen, das zur Straße hin lag. Hin und wieder fiel das Licht eines Autos durch meine Fenster. Es war kurz nach meinem Geburtstag und an der Deckenlampe hingen noch Luftballons. In einer stürmischen Nacht schlug der Baum vor meinem Fenster mit seinen Ästen gegen die Scheibe. Dazu fiel immer wieder Licht herein und traf auf die Luftballons an der Lampe. Ich lege noch heute meine Hand dafür ins Feuer, dass die Schatten an der Wand wie riesig große Dinosaurier aussahen. Dass ich kurz zuvor zum ersten Mal Jurassic Park geguckt hatte, war nicht wirklich hilfreich.

Die größte Angst hatte ich aber bei meinem Umzug in die neue Gemeinde. Nicht nur, dass es ein neuer Wohnort, ein neues Haus und neue Menschen waren. Alles um mich herum war neu und ich war allein. Ich kannte natürlich auch alle Geschichten, die man sich im Predigerseminar so erzählte. Dorfbewohner spionieren in die Fenster. Menschen stehen unangekündigt im Haus. Jeder Schritt ist sofort allen bekannt. Außerdem war es eine neue Verantwortung. Ich sollte der neue Pastor sein. Wie war die Geschichte der Gemeinde? Wie war die Verkündigung bisher? Wer sollte die Gemeinde mit mir leiten? Was würde ich tun, wenn sich in einem Jahr herausstellte, dass ich überhaupt nicht in der Lage war, meine Aufgaben zu erfüllen? Was sollte ich tun, wenn der Druck zu groß würde? Wie so oft waren die Ängste größer als die Realität.

Denn genau darin ist die Angst die Königin: Sie verbiegt die Realität, bis nichts mehr zusammenpasst. Wie oft erwische ich mich dabei, dass ich so viel mehr auf die Stimme um mich herum höre und nicht auf Gott. Höre ich auf die Stimme der Angst, lege ich mein Vertrauen in das Unbekannte und die Unsicherheit – und das sind beides Bereiche, die mir keine Sicherheit geben können. Allein die Stimme Gottes ist dazu in der Lage. Daher stehen wir immer wieder vor der Herausforderung, im Unbekannten auf die vertraute Stimme zu hören, denn es ist Gottes Stimme, die den Weg weist.

WIE SO OFT WAREN DIE ÄNGSTE GRÖSSER ALS DIE REALITÄT.

Ein Neuanfang mit Gott bedeutet, sich von dieser Angst nicht gefangen nehmen zu lassen. Die Stimme der Angst kann uns nämlich nur im Kreis führen. Sie geht Umwege, bringt vom Weg ab, bis sie uns schließlich im Dunkeln allein lässt. Dabei spielt sie ein Spiel auf Zeit. Abraham war sich sicher, dass nach 75 Jahren kein Nachkomme mehr kommen würde. Mit jedem Jahr, das verging, schwand die Hoffnung mehr und mehr.

Wie lange wartest du schon? Was ist dein Weg ins Unbekannte, den du nicht von dir aus gehen willst? Wo muss Gott dich erst hinrufen, damit du dann weißt, dass seine schützende Hand über dir ist? Der Weg zum größten Sieg führt am Ende meist durch das Tal deiner größten Angst.

Ich hätte mein achtundzwanzigjähriges Ich auf das, was vor mir lag, nicht vorbereiten können. Wie bereitet man sich auf das Unbekannte vor? Ich bin froh, dass ich nicht wusste, was kommen würde. Aber ich wünschte, ich hätte gewusst, dass Gott mir selbst in dieser dunklen Zeit etwas geben würde, das mir nie genommen werden konnte – er gab mir sich selbst. Ich wünschte, ich hätte gewusst, dass es nie ein Fehler sein würde, Gott zu vertrauen.

Der Weg ins Unbekannte

Dann befahl der Herr Abram: »Verlass deine Heimat, deine Verwandten und die Familie deines Vaters und geh in das Land, das ich dir zeigen werde! Von dir wird ein großes Volk abstammen. Ich will dich segnen und du sollst in der ganzen Welt bekannt sein. Ich will dich zum Segen für andere machen. Wer dich segnet, den werde ich auch segnen. Wer dich verflucht, den werde ich auch verfluchen. Alle Völker der Erde werden durch dich gesegnet werden.«
1. Mose 12,1-3

Wie am Anfang der Schöpfung so steht zu Beginn der Geschichte Gottes mit Abraham das göttliche Wort. Nachfolge beginnt immer mit dem Sprechen Gottes. Ohne sein Wort verkommt jede Nachfolge zu blindem Herumirren.

Wir sehen hier das Grundmuster der Berufung durch Gott. Und nicht nur zufällig ist es auch das Grundmuster der Schöpfung der Welt: Ankündigung (Gott sprach ...), Gebot (Es werde ...) und Bericht des Vollzugs (Es war sehr gut.). Durchbrochen wird dieses Muster bei Abraham jedoch durch die Verheißung.

Abraham hatte zu diesem Zeitpunkt bereits ein gutes Stück des Weges hinter sich. Er war mit seiner Familie aus dem chaldäischen Ur, einer großen südmesopotamischen Stadt und der Heimatstadt der Familie, in das mehrere Hundert Kilometer entfernte Haran gereist. In dieser blühenden Handelsstadt ließen sie sich nieder, bis Abraham die Stimme Gottes vernahm, die sein Leben komplett umkrempelte.

Das Wort führte Abraham auf einen einsamen Weg. Es führte ihn aus seiner neu gewonnenen Heimat und weg von seiner Herkunftsfamilie. Es war eine einsame Entscheidung, die Abraham traf. Er ließ sich auf das Gotteswort ein, ohne das Ziel seiner Reise zu kennen. Er hatte allein die Verheißung und Gottes Wort.

Ich will mich nicht gleich zu Beginn dieses Buches mit Abraham vergleichen. Gemeinsam haben wir aber immerhin, dass wir uns unseren Wohnort nicht ausgesucht haben. Meine Kirche hat eine interessante Art, einen jungen Pastor zu entsenden. Nach einem knapp dreißigminütigen Gespräch über Fähigkeiten und Wünsche erhält man ungefähr einen Monat später einen Brief mit der Post. In drei knappen Sätzen steht dort der Name der neuen Gemeinde (und damit auch der neue Wohnort), das Datum des Dienstbeginns und ein Hinweis, dass man sich schon einmal mit der Ehepartnerin absprechen sollte, wie es dann mit ihrem Arbeitsweg aussieht. Kein Scherz. (Aber ich hatte damals noch keine.)

Auch wenn Abrahams Leben ganz andere Bahnen nahm, als es unser Leben tun wird, ist er uns doch in einer Sache Vorbild: Er begab sich aus der Sicherheit der Familie hinein in ein Abenteuer, das ihn das Leben kosten konnte. Er war bereit, für Gott alles andere hinter sich zu lassen.

Auf seiner Reise in das Land des Glaubens machte Abraham konkrete Erfahrungen mit diesem Gott, der ihn zum Aufbruch aufgefordert hatte. Es entwickelte sich bei ihm eine Vorstellung, ein Gefühl, eine Ahnung. Mit der Zeit entstand vor seinem inneren Auge ein Bild von Gott.

Gott spricht zu uns, um Nachfolger für ihre Reise auszurüsten. Aber wie erkenne ich Gottes Stimme unter den lauten Klängen des 21. Jahrhunderts? Woher soll ich wissen, dass Gott mich ruft und ich nicht nur einem Bauchgefühl folge und erhobenen Hauptes in die falsche Richtung marschiere?

Manchmal glauben wir, dass Gott uns in eine bestimmte Richtung führt, aber wenn wir diesen Weg fortsetzen, werden wir entmutigt und unsicher, weil es nicht so funktioniert, wie wir es erwartet haben. Vielleicht ist es nicht so einfach **WAS HÄLT DICH** und angenehm, wie wir dachten, oder es führt nicht dort- **GEFANGEN?** hin, wo wir eigentlich hinwollen. Dann denken wir, dass wir offensichtlich den falschen Weg eingeschlagen haben, und entscheiden uns für eine Kurskorrektur. Doch auf dem neuen Weg entdecken wir schnell, dass wir einen gravierenden Fehler gemacht haben.

Einer der Gründe, warum wir die Wege ändern und Gott nicht gehorchen, ist, dass unser Glaube der Angst weicht. Daher möchte ich die Frage anders stellen: Was hält dich gefangen? Welche Angst hält dich fest umklammert und hat ihre Hände auf deine Ohren gelegt? Vielleicht sind es deine Erwartungen, Pläne, Zweifel oder dein Gedankenkarussell. Was auch immer es ist, es definiert nicht, wer du bist oder was Gott durch dich tun kann. Gott gibt uns keine Angst oder Unsicherheiten, er zerbricht sie.

Abraham ist ein Beispiel für jemanden, dessen Glaube der Angst gewichen ist. Als der Herr zum ersten Mal zu ihm sprach, gab er ihm klare Anweisungen und bedingungslose Verheißungen: »Zieh los, geh dorthin, wohin ich dich führen werde, und ich will dich segnen und zu einer großen Nation machen.«

Voller Glauben und Gehorsam verließ Abraham seine Heimat und reiste nach Kanaan. Nach seiner Ankunft baute er Altäre zur Anbetung des Herrn und stellte dort sein Zelt auf (1. Mose 12,7-8). Doch bald entstand eine Situation, die ihn dazu brachte, am Herrn zu zweifeln. »Damals brach eine Hungersnot im Land aus« (Vers 10), und Abraham wurde ängstlich.

Die Stimme, der du heute folgst, beeinflusst die Zukunft, die du erleben wirst.

DAS EVANGELIUM DES ABRAHAM

Die Angst im Unbekannten

Damals brach eine Hungersnot im Land aus. Und Abram zog nach Ägypten, um dort zu wohnen, denn die Hungersnot nahm große Ausmaße an.

1. Mose 12,10

Abraham ergriff die Flucht. Er floh aus dem Land, das Gott ihm gezeigt hatte, aus der Sicherheit und von dem Weg, den Gott ihm bereitet hatte. Dafür gab es einen einfachen Grund, der auch uns so viele Tausend Jahre später immer wieder vom Weg Gottes abbringen kann: Angst. Der Glaube weicht der Angst, wenn sich unser Fokus von Gott auf unsere Umstände verlagert.

Abraham hatte Gott während seiner ganzen Reise im Auge behalten und sich gehorsam im Land niedergelassen und ihn angebetet und ihm für seinen Schutz und seine Versorgung gedankt. Aber jetzt zweifelte er an seinem Überleben. Was für Abraham unerwartet und beängstigend war, betrachtete Gott als eine Gelegenheit für Abraham, ihm zu vertrauen. Anstatt sich um sich selbst zu kümmern, hätte Abraham sich an Gottes Verheißungen erinnern und sich auf ihn verlassen können. Veränderte Umstände sind kein Grund, das Vertrauen auf Gott aufzugeben.

> **DER GLAUBE WEICHT DER ANGST, WENN SICH UNSER FOKUS VON GOTT AUF UNSERE UMSTÄNDE VERLAGERT.**

Ich traf Jennifer in meinem ersten Jahr als Pastor. Sie war eine gläubige Christin und versuchte, ihr Leben entsprechend zu gestalten. Nun gab es da einen jungen Mann. Kein Christ, aber ein netter Kerl. Jennifer erzählte mir von ihm und im Gespräch wurde sehr schnell deutlich, dass sie mit sich rang. Sie wollte ihn einerseits besser kennenlernen und bemerkte besondere Gefühle für ihn. Andererseits spürte sie, dass sein Einfluss auf ihr Leben nicht immer der Beste war. Mit einem Satz fasste sie ihren Zwiespalt zusammen: »Ich habe einfach Angst, alleine zu bleiben.« Sie ahnte nicht, wie oft ich diesen Satz schon gehört hatte.

Wenn der Glaube der Angst Platz macht, treffen wir Entscheidungen auf der Grundlage der menschlichen Vernunft.

Abraham argumentierte, dass der Weg zum Überleben darin bestand, nach Ägypten zu gehen, wo es Nahrung gab. Er hielt diese Reise nach Ägypten wahrscheinlich nur für vorübergehend und dachte, er würde nach Kanaan zurückkehren, wenn sich die Bedingungen verbessert hätten. Doch so vernünftig sein Plan auch schien, selbst eine vorübergehende Reise weg vom Willen Gottes kann verheerende Folgen haben.

Jennifer ging die Beziehung ein. Nach einem Monat merkte sie, dass ihr neuer Partner immer ein wenig mit den Augen rollte, wenn es um den Glauben ging. Nach drei Monaten blieb sie ihm zuliebe an manchen Sonntagen für ein gemeinsames Frühstück zu Hause. Nach vier Monaten spürte sie, wie sie sich veränderte. Dies machte ihr Angst. Schließlich trennte sie sich von ihrem Partner.

Wenn wir vergessen, dass Gott unser Versorger und Beschützer ist, nehmen wir die Dinge selbst in die Hand. Aber dann bewegen wir uns aus seinem Willen heraus.

Abraham hätte mit seiner Angst fertigwerden können, indem er in Kanaan geblieben und Gottes Schutz und Versorgung gesucht hätte. Gott wäre treu gewesen, er hätte sich um ihn gekümmert und alle seine Verheißungen an ihn erfüllt.

Wir machen oft den gleichen Fehler wie Abraham. Wir betrachten unsere Situation, vergessen, dass Gott unser Versorger und Beschützer ist, und ersetzen das, was er in seinem Wort gesagt hat, durch unseren eigenen Plan. Die Begründung – ausgesprochen oder nicht – ist, dass sein Weg nicht funktionieren wird. Außerdem glauben wir, dass Gott verstehen wird, warum wir die Richtung ändern mussten. Aber der einzige Plan, der scheitern wird, ist unser Plan.

Wahre Nachfolge ist, das zu tun, was Gott sagt, wann er es sagt und wie er es sagt. Jede Veränderung ist Ungehorsam. Wenn wir versucht sind, die Dinge selbst in die Hand zu nehmen, müssen wir uns daran erinnern, dass Gott uns in diese Situation gebracht hat, damit wir lernen, uns ganz auf ihn zu verlassen und auf seine Verheißungen zu vertrauen.

Beziehungen wie bei Jennifer erlebe ich gerade bei jungen Christen häufiger, als mir lieb ist. Natürlich bleibt es nie bei dem ersten Schritt. Wenn wir der Angst nachgeben, sind wir bereit, unser wertvollstes Gut zu opfern, um die Gunst anderer zu gewinnen.

Abrahams erster falscher Schritt führte bald zu einem weiteren:

> Als sie sich der Grenze Ägyptens näherten, sagte Abram zu seiner Frau Sarai: »Du bist eine sehr schöne Frau. Wenn die Ägypter dich sehen, werden sie sagen: ›Das ist seine Frau.‹ Dann wirst du zwar am Leben bleiben, mich aber werden sie töten. Gib dich doch als meine Schwester aus, damit die Ägypter mich gut behandeln und am Leben lassen, weil ihnen an dir gelegen ist.«
>
> 1. Mose 12,11-13

Aus Angst vor dem, was in Ägypten geschehen könnte, war Abraham bereit, seine Frau aufzugeben, um sein eigenes Leben zu retten, obwohl Gott versprochen hatte, ihn zu schützen.

Wenn wir der Angst nachgeben und Gottes Wege verlassen, entspinnt sich ein Kreislauf, der dazu führen kann, dass wir uns vor Gott verstecken. Ähnlich wie Adam und Eva im Paradies, die nach dem Essen der verbotenen Frucht versuchten, sich vor Gott zu verstecken, glauben wir, dass wir Teile unseres Lebens im Gebet ausblenden können. Solange wir Gott nichts davon erzählen, bekommt er es auch nicht mit. Auf Dauer führt das dazu, dass wir nicht mehr in die Gemeinde kommen wollen, weil wir Fragen nach unserem Leben und unserem Verhalten fürchten. Wenn wir die bedingungslosen Verheißungen Gottes vergessen, beginnen wir, Menschen zu fürchten.

Der Herr hatte Abraham große und weitreichende Verheißungen ohne Ausnahmen und Einschränkungen gegeben. Aber inmitten seiner Umstände bekam Abraham Angst und ging entgegen Gottes Willen nach Ägypten. Jetzt hatte er einen weiteren Grund, ängstlich zu sein. Er wusste, dass die Ägypter ihn töten konnten, um Sara zu bekommen, deren Schönheit sie begehrenswert und verletzlich machte.

Auf die gleiche Weise beginnen wir, in Angst statt im Glauben zu reagieren, wenn wir die bedingungslosen Verheißungen Gottes in seinem Wort vergessen. Dann landen wir dort, wo wir nicht sein sollten, tun, was wir nicht tun sollten, fühlen, was wir nicht fühlen sollten, und zahlen einen Preis, den wir nicht bezahlen wollen.

Jennifer sagte mir später, dass es ihr am meisten leidtat, dass sie ihren Eltern Schmerzen zugefügt hatte: »Die haben mich kaum wiedererkannt.«

Wenn wir aufhören, Gott zu vertrauen, und Umstände fürchten, sind wir bereit, anderen Schmerzen und großen Schaden zuzufügen, um uns selbst zu schützen.

Abrahams Plan hielt die Ägypter davon ab, ihn zu töten, aber er kostete ihn seine Frau. Sara wurde zum Haus des Pharaos gebracht und im Gegenzug wurde Abraham gut behandelt und erhielt Schafe, Ochsen, Esel, Kamele und Diener. Obwohl nichts davon Gottes Wille war, war er Abraham trotz seines Ungehorsams treu und »bestrafte den Pharao und seinen ganzen Palast mit einer schweren Krankheit wegen Sarai, Abrams Frau« (Vers 17). Nicht nur Sara, sondern auch dem Pharao und seinem Haus hatte Abrahams Ungehorsam Schaden zugefügt. Sara wurde ihm zurückgegeben und der Pharao ließ Abraham und alles, was ihm gehörte, aus Ägypten hinausbegleiten (Vers 19-20). Der Herr griff ein, um Sara zu bewahren.

Abrahams Geschichte lehrt uns, dass Gott immer seine Versprechen hält, und sie warnt uns, dass die Angst uns dazu bringen kann, unser Vertrauen in Gott zu verlieren und aus seinem guten und vollkommenen Willen herauszutreten. Auch ich muss diese Wahrheit immer wieder hören. Was ist, wenn Gott mehr daran interessiert ist, mich zu verändern, als meine Umstände zu ändern? Ich bin vielleicht nicht immer in der idealen Situation, aber wo auch immer ich bin, ist dort, wo Gott durch und an mir wirkt.

Nachfolge in eine unbekannte Situation kann Angst machen. Aber gerade deshalb ist der einzig wirklich sichere Ort bei Gott. Konzentriere dich nicht so sehr auf das, was um dich herum geschieht, sondern konzentriere dich auf das, was Gott durch dich tut. Wenn wir die Situationen um uns herum unseren Fokus aufbrauchen lassen, verpassen wir die wichtigen Dinge, die Jesus uns sagt, und das, was er durch uns tun kann. Wenn sich dein Fokus auf Gott richtet, wird alles andere weniger überwältigend und wichtig. Am deutlichsten wird das in der wohl bekanntesten Geschichte Abrahams, seinem »Hier bin ich«-Moment.

Morija-Wege

Gott hatte Abraham einen Nachkommen versprochen und ihn mit der Verheißung gesegnet, dass er eines Tages Vater einer großen Nation sein würde. Jahre vergingen und schließlich bekam Sara einen Sohn. Die Verheißung war in Erfüllung gegangen. Nach unserer menschlichen Logik wäre die Geschichte nun mit einem Happy End abgeschlossen.

Nicht so in der Bibel, denn Abraham wurde auf die Probe gestellt. Sein Glaube sollte nicht in Isaak, sondern vollständig in Gott gegründet sein. Wäre er bereit, sein Liebstes für Gott hinzugeben, um ganz in ihm zu ruhen?

Diese Geschichte handelt nicht von einem unbarmherzigen Gott, der Menschenopfer verlangt, sondern von einer Prüfung durch Gott, ob Abraham wirklich ganz auf ihn ausgerichtet ist.

Abraham war sofort bereit, zu handeln. Er besprach sich nicht mit Sara, erklärte auch Isaak nicht, was ihm bevorstand. Er musste diesen Glaubensweg ganz allein gehen. Isaak sollte auf dem Berg Morija geopfert werden.

Morija-Wege sind einsam und voll innerer Kämpfe. Das Leben in der Nachfolge ist von solchen Wegen geprägt. Es sind die Momente, in denen sich alles entscheidet und aus denen wir gestärkt hervortreten.

Als ich dieses Buch plante, wusste ich, dass irgendwann ein Kapitel kommen würde, in dem es darum gehen würde, dass Abraham seinen Sohn Isaak opfern sollte. Wenn man einem anderen Menschen – egal ob gläubig oder nicht – diese Geschichte im Buch Genesis mit nur einem Satz zusammenfasst, erntet man mit ziemlicher Sicherheit große Augen und Kopfschütteln. »Der Gott, der ein solches Opfer fordert, soll dieser liebende Gott sein?«

Ich verstehe diese Frage. Es gehört schon mehr als ein wenig Small Talk dazu, zu verdeutlichen, worum es hier geht. Das war mir bereits bei der Planung des Buchs klar. Und dann wurde mein Sohn geboren. Erst jetzt konnte ich richtig begreifen, was das alles für Abraham bedeutet haben musste.

Wieder stand ich im Krankenhaus. Wieder war ich erschöpft und übermüdet. Wieder hatte ich Tränen in den Augen. Gleichzeitig war aber alles anders. Anni hatte gerade unseren Sohn Titus auf die Welt gebracht. Ich hatte sie noch nie so stark gesehen. Mich erfüllte ein unglaublicher Stolz auf meine Frau. Und nun konnte ich zum ersten Mal unseren Sohn im Arm halten. Es gab keinen schöneren Moment. Ich wusste: Ich werde alles tun, was mir möglich ist, damit dieser kleine Junge behütet und glücklich aufwachsen kann.

Abrahams und Saras Sohn Isaak wurde nach weiteren Jahrzehnten des Wartens geboren, aber Gott hatte sein Wort gehalten. Als Hundertjähriger hielt Abraham seinen Sohn im Arm. Die Verheißung hatte sich erfüllt. Es vergingen einige Jahre, in denen Abraham Isaak aufwachsen sah. Sein Sohn lernte krabbeln, laufen, sprechen. Er wuchs zu einem jungen Mann heran. Ich stelle mir vor, wie Abraham ihn manches Mal aus der Ferne beobachtete und von Stolz und Freude erfüllt war.

ALS HUNDERTJÄHRIGER HIELT ABRAHAM SEINEN SOHN IM ARM.

In der Bibel folgt dann ein einziger Satz: »Einige Zeit später stellte Gott Abraham auf die Probe« (1. Mose 22,1). Wieder ruft Gott einen Namen: »Abraham!« Und wieder antwortet jemand: »Hier bin ich.«

Mit diesem »Hier bin ich« bringt Abraham eine der größten und am häufigsten missverstandenen Begebenheiten der Bibel ins Rollen.

Die Geschichte der Opferung Isaaks ist keine Geschichte der richtigen oder falschen Handlung Abrahams. Es ist eine Geschichte der Treue Gottes.

Kill your Darlings

Wenn wir vor einer schwierigen Entscheidung oder Situation stehen, ist es wichtig, dass wir zwischen einer Prüfung und einer Versuchung unterscheiden. Gott lässt Prüfungen in unserem Leben zu, um uns in unserem Glauben zu stärken. Versuchungen kommen, um uns zu verführen und zu schwächen. Als Nachfolger werden wir zu verschiedenen Gelegenheiten sowohl Versuchungen als auch Prüfungen verschiedener Art und Größe begegnen. Es sind die Morija-Wege unseres Weges.

Abraham war viele Jahre mit Gott durch alle möglichen Schwierigkeiten und Nöte gegangen. Er hatte auf dem Weg Fehler gemacht, als er der Angst nachgab, aber er hatte auch seinen Glauben bewiesen, indem er dem Herrn gehorchte. Er hatte die Treue Gottes gesehen, der sein Versprechen, ihm einen Sohn zu schenken, gehalten hatte, obwohl es unmöglich schien. Als Sara neunzig und Abraham hundert Jahre alt war, wurde der versprochene Sohn Isaak geboren. Durch diesen Sohn wurden alle anderen Verheißungen, die Gott Abraham gegeben hatte, erfüllt.

Doch dann wurde Abraham von Gott aufgefordert, etwas zu tun, das nicht nur schockierend war, sondern auch seinen Verheißungen für die Zukunft zu widersprechen schien: »Nimm deinen einzigen Sohn Isaak, den du so lieb hast, und geh mit ihm ins Land Morija. Dort werde ich dir einen Berg zeigen, auf dem du Isaak als Brandopfer für mich opfern sollst« (1. Mose 22,2).

Es hatte so lange gedauert, bis Abraham diesen Sohn in den Armen halten konnte, und nun sagte Gott ihm, er solle ihn opfern. Die nächsten Worte versetzen mich immer wieder in Erstaunen. »Am nächsten Morgen stand Abraham früh auf. Er sattelte seinen Esel und nahm seinen Sohn Isaak sowie zwei seiner Diener mit. Dann spaltete er Holz für das Brandopfer und machte sich auf den Weg zu dem Ort, den Gott ihm genannt hatte« (Vers 3).

Wahrscheinlich rotierten Abrahams Gedanken, während er versuchte, diese Anweisung Gottes mit seinen bisherigen Verheißungen in Einklang zu bringen:

Von dir wird ein großes Volk abstammen. Ich will dich segnen und du sollst in der ganzen Welt bekannt sein. Ich will dich zum Segen für andere machen. Wer dich segnet, den werde ich auch segnen. Wer dich verflucht, den werde ich auch verfluchen. Alle Völker der Erde werden durch dich gesegnet werden.

1. Mose 12,2-3

Wie konnte all das geschehen, wenn Isaak tot war? Er war nicht nur für Abraham wichtig, sondern auch für die Erfüllung der Verheißungen Gottes. Dennoch war der Auftrag eindeutig: Abraham sollte Isaak opfern. Die Bezeichnung »deinen einzigen« macht deutlich, dass es um Isaak als Sohn der Verheißung ging. Ismael war zwar ebenfalls Abrahams Sohn, aber nicht der, durch den sich das Versprechen erfüllen sollte.

Auf den Morija-Wegen der Nachfolge werden Unverständnis und Treue einander gegenübergestellt. Wo musstest du etwas aufgeben, um Gott nachzufolgen? War es eine Beziehung, die enden musste? Oder der Abschied von einem Ort, von dem du dachtest, dass du zu ihm berufen wurdest? Das führt zu Unverständnis. Doch Unverständnis ist niemals eine akzeptable Entschuldigung dafür, etwas nicht zu tun, was Gott uns aufträgt.

Gott liebt uns und hat einen Plan und Zweck für unser Leben. Auch wenn wir vielleicht ein besseres Verständnis dafür haben wollen, wie alles funktionieren wird, schuldet Gott uns keine weiteren Erklärungen. Nachfolge bedeutet, dass wir tun, was er sagt, wann er es sagt, ob wir es verstehen oder nicht.

Abraham ist ein perfektes Beispiel dafür. Obwohl er nicht verstand, warum Gott ihn aufforderte, Isaak zu opfern, tat er genau das, was Gott ihm gesagt hatte.

Abrahams Glaube an Gott war unerschütterlich. Zu seinen Dienern sagte er: »Wartet hier mit dem Esel auf uns! ... Der Junge und ich werden noch ein Stück weitergehen. Dort oben werden wir Gott anbeten und dann zu euch zurückkommen« (1. Mose 22,5).

Abraham ging fest davon aus, dass er und sein Sohn gemeinsam wieder vom Berg herabsteigen würden. Was für ein Vertrauen! Abrahams Glaube an Gott war so stark, dass er dachte: Selbst wenn ich Isaak opfern muss, so wird Gott ihn wieder zum Leben erwecken, um seine Verheißungen zu erfüllen (Hebräer 11,17-19).

Ich frage mich, was Isaak auf dem Weg zur Bergspitze gedacht hat. Er stellte nicht viele Fragen und gab sich mit den Antworten seines Vaters zufrieden. In gewisser Weise ist er ein kleines Abbild Abrahams. Er gehorcht seinem Vater, wie Abraham seinem göttlichen Vater gehorcht. Auf dem Berg angekommen, lässt er sich auf den Altar legen. Dass er hier zu einem zukünftigen Blick auf Jesus

ISAAK GEHORCHT SEINEM VATER, WIE ABRAHAM SEINEM GÖTTLICHEN VATER GEHORCHT.

wird, der sich ja wirklich bis zum Tod geopfert hat, liegt nur zu deutlich auf der Hand. Im letzten Moment schenkt Gott die Lösung und erlöst Abraham und Isaak aus der Anspannung des Gehorsams. Abraham hat die Prüfung bestanden und wird von Gott gelobt und beschenkt. Jetzt bleibt nur noch die Frage, wie er das Ganze Sara erklären soll ...

Nicht alle Menschen erfahren diese Erlösung, wie Abraham sie im letzten Moment erlebt hat. Gerade am Sterbebett treffe ich Menschen, die ihren letzten Weg gehen und die ganze Not eines dunklen Weges durchleiden. Manches waren sie bereit auf dem Berg Morija zu opfern. An anderes klammern sie sich mit letzter Kraft.

An einem Morgen saß ich am Bett einer sterbenden Frau. Mein Telefon hatte an diesem Tag schon früh geklingelt und ich war wenig glücklich über den Anruf. Ich sollte zu einer sterbenden Frau kommen, die ich nicht kannte. Ich wusste, dass es emotional anstrengend werden würde, und hatte eigentlich schon andere Dinge für den Morgen geplant. Doch die Pflicht rief.

Eine halbe Stunde später hielt ich ihre Hand. Sie war faltig und ein wenig kalt. Ihre Augen drifteten immer wieder hin und her. Ich betete. Ich fragte mich, ob sie mich überhaupt bemerkt hatte, als sie mich mit einem Mal mit einem klaren Blick anstarrte. Ich spürte eine kleine Gänsehaut. »Gott ruft mich. Aber ich kann nicht loslassen.« Die Worte kamen ganz leise über ihre Lippen. Ich beugte mich weiter vor und sie sagte es noch einmal. »Ich kann nicht loslassen.«

An was klammerst du dich mit aller Kraft? Was hast du so fest in deiner Hand, dass du sie nicht mehr für Gott öffnen kannst? Gott will dir nichts wegnehmen, sondern dir etwas Besseres geben. Er will sehen, dass du ihm vertraust. Du sollst nicht mitten auf dem Weg stehen bleiben, wenn Gott noch ein größeres Ziel für dich vorbereitet hat. Hast du dich an einem Ort niedergelassen, den Gott für dich vorgesehen hat? Schlag dein Lager nicht auf, bis du dort bist, wo er dich hinruft.

Gottes Plan ist nicht immer der Weg, den du gehen willst. Aber andererseits hat er nie gesagt, dass es leicht sein würde – nur, dass es sich lohnen würde. Und vielleicht bedeutet das, Dinge auf dem Berg Morija zurückzulassen. Nicht jeder Mensch, jeder Ort und jede Beziehung ist gut für dich. Setze dich noch heute hin und gehe dein Leben im Gebet durch. Welche Bereiche sorgen dafür, dass du Gottes Stimme nicht mehr richtig hörst? Halten dir andere Menschen die Ohren zu? Lenkt dich ein Hobby oder eine Angewohnheit ab? Was musst du opfern, um Gott treu zu sein?

Es ist nicht immer einfach, Gott zu folgen. Aber jedes willige Ja zu Gottes – auch schweren – Wegen schließt reichen Segen in sich.

Der Engel des Herrn sprach Abraham nach diesem Glaubenssieg feierlich vielfache Segnungen zu (1. Mose 22,15-18). Diese Verheißungen sind bereits teilweise in Erfüllung gegangen und werden sich noch ganz anders erfüllen (Offenbarung 21,24-27). Abraham machte nicht viele Worte über all das, was er erlebt hatte, sondern kehrte in seinen Alltag zurück.

Dass er den Berg »Gottes Schau« nannte, zeigt, dass er hier in noch größere Tiefen geblickt hat. Er hat den lebendigen Gott gesehen, den Gott der zukünftigen Zeiten. Wir haben es in dieser Hinsicht durch Jesus Christus und sein Wort noch leichter.

Abrahams Geschichte lehrt uns, dass wir niemals verlieren werden, wenn wir Gott nachfolgen. Obwohl er uns nicht wie Abraham bitten wird, buchstäblich jemanden zu opfern, wird er uns bitten, Menschen, Dinge oder Träume, die uns lieb sind, freizulassen, um ihm treu zu gehorchen. Treue ist kein Gefühl, sondern eine Wahl, die man treffen kann – selbst inmitten großer Herausforderung.

Ich bin kein Abraham

Ich will ehrlich sein. Ich bin kein Abraham. Vielleicht hast du dich beim Lesen auch immer wieder mit ihm verglichen und bist ein bisschen verzweifelt. So zumindest erging es mir.

In meiner dunklen Zeit suchte ich in der Bibel nach einer Verheißung, an die ich mich klammern konnte. Ich las: »Abraham zweifelte nicht und vertraute auf die Zusage Gottes. Ja, sein Glaube wuchs sogar noch, und damit ehrte er Gott. Er war vollkommen überzeugt davon, dass Gott das, was er versprochen hat, auch tun kann« (Römer 4,20-21).

Während ich Abrahams Glauben bewunderte, frustrierte mich dieser Abschnitt gleichzeitig. Natürlich hat Abraham nie gezögert. Warum sollte er auch? Er hatte ein direktes Wort von Gott! Hätte ich ein direktes Versprechen von Gott, dann würde ich mich auch damit zufriedengeben. Abraham konnte ins Unbekannte losziehen, er konnte auf seinen Sohn warten, er konnte mit Isaak auf den Berg steigen, weil er wusste, dass er am Ende bekommen würde, was er wollte. Genau so etwas wollte ich erleben. Deshalb bat ich Gott immer wieder um ein Zeichen.

Aber es kam keins. Kein Vers. Keine Bestätigung. Nur Schweigen zu diesem Thema. Jahrelang. Und am Ende war Gottes Antwort »Nein«. Und immer, wenn ich diese Stelle im Römerbrief las, tat es irgendwie weh.

Das dauerte bis zu den Wochen meiner Auszeit, die schließlich auch zu diesen Seiten geführt haben. Wieder fühlte ich mich von Abraham getrennt und beschloss, sein Leben im ersten Buch Mose genau zu betrachten. Ich sah Abrahams Menschlichkeit, wie er manchmal an Gottes Schutz zweifelte. Er versuchte sogar mehrmals, Gottes Verheißung auf eigene Faust zu erfüllen. Vielleicht dachte er, Gott brauche seine Hilfe und seinen Einfallsreichtum.

ABRAHAMS GLAUBE BASIERTE NICHT AUF DEM, WAS GOTT FÜR IHN TUN WÜRDE.

Mit diesem Teil kann ich mich identifizieren. Abrahams Kampf mit der Ungeduld kommt mir nur allzu bekannt vor. Zu oft habe ich versucht, Gott bei der Erfüllung seiner Pläne zu helfen – das heißt, der Pläne, die ich ihm gerne geben würde. Pläne, die mir das geben würden, was ich will. Von dem ich denke, dass ich es verdiene.

Dabei hatte ich Abraham die ganze Zeit unrecht getan. Gott arbeitete, während Abraham wartete. Er formte seinen Charakter. Er lehrte ihn Geduld. Er baute eine Freundschaft auf. In dieser fünfundzwanzigjährigen Wartezeit auf seinen Sohn lernte Abraham Gott ganz genau kennen. Es waren diese scheinbar vergeudeten Jahre, in denen Gott ihn verwandelte. Und nach Jahrzehnten des Wartens war Abraham bereit für die höchste Prüfung seines Glaubens, als er gebeten wurde, Isaak, den Sohn der Verheißung, zu opfern. Den Sohn, auf den er gewartet hatte.

Und mit einem Mal bemerkte ich es. Die Antwort war schon immer da gewesen, ich hatte sie bloß nicht gesehen. Abrahams Glaube war nicht in der Verheißung seines Sohnes verwurzelt. Wenn es so gewesen wäre, wäre er niemals zur Opferung mit Isaak auf den Berg gestiegen. Er hätte nicht aufgegeben, was Gott ihm Jahre zuvor versprochen hatte. Er hätte sich fest an Isaak geklammert und ihn über alles andere gestellt. Denn in Isaak war die Verheißung Gottes an Abraham in Erfüllung gegangen.

Abraham klammerte sich nicht an eine eigene Vorstellung davon, wie Gott seine Verheißung zu erfüllen hatte. Gott konnte seine Verheißung auf jede Weise erfüllen, die er wollte. Selbst wenn das bedeutete, Isaak von den Toten zu erwecken (Hebräer 11,19). Daher lag Abrahams Glaube letztlich in der Vertrauenswürdigkeit Gottes.

Abrahams Glaube basierte nicht auf dem, was Gott für ihn tun würde, sondern auf Gott selbst. Deshalb war Abraham bereit, ein Risiko einzugehen. Er konnte alles tun, was Gott von ihm verlangte. Er hielt nicht an einem bestimmten Ergebnis fest. Er hielt an Gott fest. Abrahams Warten stärkte seinen Glauben. Es lehrte ihn Gottes Wege. Zeigte ihm Gottes Treue. Abraham wusste, dass Gott ihm alles geben würde, was er brauchte.

Abraham wurde zu einem großen Volk. Sein »Hier bin ich« setzte dafür den Anfang. Dafür lebte er an einem Ort, der auf den ersten Blick unwirtlich und wenig einladend aussieht. Wer will schon in einer Wüste wohnen und dann den eigenen Sohn mit zu einem Opferaltar nehmen, der nach Herr der Ringe klingt? Das Einzige, was diese Situation ändern konnte, war Gottes Wort. Und das traf mit Macht.

Heute habe ich die gleiche Gewissheit wie Abraham – dass Gott mir alles, was ich brauche, zur Verfügung stellen wird. Vielleicht lässt Gott uns heute aus den gleichen Gründen warten, aus denen er Abraham warten ließ. Um unseren Glauben zu schmieden. Um uns auf seine Stimme aufmerksam zu machen. Um unsere Beziehung zu ihm zu vertiefen. Um unser Vertrauen zu festigen. Um uns auf den Dienst vorzubereiten. Um uns immer mehr in sein Ebenbild zu verwandeln.

Im Rückblick sehe ich, dass Gottes Schweigen für mich die wertvollste Antwort war, die er mir hätte geben können. Sie lässt mich an ihm festhalten statt an meiner eigenen Vorstellung von Erfolg. Gott weiß, was ich brauche. Ich weiß es nicht. Er sieht die Zukunft. Ich nicht. Seine Perspektive ist ewig. Meine nicht.

DIE ZWEITE NACHT – NACHFOLGE IST BEZIEHUNG

Vor den majestätischen Bergketten zu stehen, versetzte mich in ehrfürchtiges Staunen. Ich hätte vorher nicht gedacht, dass ich mich derart klein fühlen könnte. Hinter jeder Biegung und jeder Klippe wartete eine neue Bergkette, die noch größer war als die vorherige.

Ich habe immer wieder mit Theologen zu tun, die unsere Unwissenheit über Gottes Handeln als den Hauptgrund für unser Staunen über ihn anführen. Sie reden vom geheimnisvollen Gott, dem wir nur mit Staunen gegenüberstehen können, weil wir nichts über ihn wissen. Meistens verstehe ich das nicht. Ich fühle mich nicht zu Menschen hingezogen, über die ich nichts weiß, und ein Gott, von dem ich keinerlei Kenntnis habe, ist mir eher unheimlich. Der Ansatz von Paulus ist ganz anders. Er würde sagen, dass Gott am meisten verherrlicht wird, wenn wir fassungslos sind, ihn bewundern und anbeten und uns ihm freudig unterwerfen wegen dem, was wir über ihn wissen, und nicht wegen dem, was wir nicht über ihn wissen.

Nachfolger sind nicht die Menschen, die sich damit begnügen, in den Ausläufern der Offenbarung zu leben. Ein Verschleiern von Gottes Größe und Herrlichkeit hinter dem Wort »Mysterium« ist alles andere als befriedigend. Die Nachfolge vergrößert gerade den Hunger nach Offenbarung und Intimität mit Gott immer mehr. Abraham und Sara wussten, dass Gott ihnen die Berufung gegeben hatte, sich nicht zu verstecken. Sie wussten, dass Gott nicht geehrt wird, wenn sie im Tal warten und endlos den Wert der unerforschten Geheimnisse preisen. Abraham musste auf den Berg steigen, um Gott immer näher kennenzulernen. Hätte Abraham kein Vertrauen, keine Kenntnis Gottes gehabt, hätte er seinen Morija-Weg nicht gehen können.

Auf meiner Bergwanderung entwickelte ich einen neuen Hunger nach Gott. Mit einem Mal spürte ich, wie sehr mir seine Nähe fehlte. Ich sank auf die Knie und betete. Länger als ich es in den Monaten zuvor getan hatte. Ich sagte nicht viel. Eigentlich immer wieder das Gleiche. Ich sagte Gott, dass ich da war. Hier bin ich. Hier bin ich. Hier bin ich. Sende mich. Es war ein einsamer und zugleich befreiender Moment. Ich hatte das nicht geplant. Es kam einfach so, weil es in diesem Moment genau richtig war. Ich wusste, dass ich genau dort im feuchten Gras zu Gott sprechen musste.

Der christliche Glaube steht seit zwei Jahrtausenden dafür, dass Veränderung möglich ist, ein tiefer, grundlegender Wandel. Gott ist in der Lage, ein ehemals gefühlloses und unsensibles Herz zu erweichen. Es ist möglich, sich nicht mehr von Bitterkeit und Wut beherrschen zu lassen. Die Bibel geht davon aus, dass Gott der entscheidende Faktor ist, der uns zu dem macht, was wir sein sollen.

Genau dafür betete ich in dieser Nacht unter dem Sternenhimmel. Ich wollte Gott immer besser kennenlernen. Was hatte mein Leben für einen Sinn, wenn ich nicht in der Lage war, mit meinem Schöpfer in einer engen Beziehung zu leben? Welchen Lauf würde mein Leben nehmen, wenn es nicht Gott war, der den Weg vorgab?

Das Aufgeben der Sicherheit

Nachfolge baut auf Gottes Handeln auf, nicht auf unserem. Er nutzt uns, um seinen Namen groß zu machen. Das musste ich in meinen ersten Jahren als Pastor neu lernen. Während ich nach und nach die Menschen der Gemeinde kennenlernte und mir ihre Geschichten erzählen ließ, wäre ich mehr als nur dankbar für eine Liste mit den nächsten notwendigen Schritten gewesen.

- Was musste abgeschafft werden? Welche langjährigen Traditionen würde es mit mir als Pastor nicht mehr geben?
- Was musste neu gestartet werden? Wie konnte diese Gemeinde wieder auf den Weg des Evangeliums gebracht werden?
- Welche Mitarbeiter mussten gehen? Wer musste uns verlassen, weil seine Art und Weise, zu arbeiten, der Verkündigung im Weg standen und er nicht bereit war, dies zu ändern?
- Wer sollte neu eingestellt werden? Welche Fähigkeiten und Gaben brauchten wir in Zukunft an Bord dieses Gemeindeschiffes?

Das waren alles Dinge, die in den nächsten Jahren tatsächlich umgesetzt wurden. Manches ging einfach, vieles jedoch mit großen Kämpfen und langem Atem.

Das ist auch nicht weiter verwunderlich. Immerhin nähern wir uns immer weiter dem privaten Bereich, in dem wir es gewohnt sind, Entscheidungen zu treffen. Häufig sind es die Dinge, die wir bewusst oder unbewusst nach außen tragen. Das heißt für mich:

- Mein Handeln
- Meine Sicht auf die Welt
- Meine Einstellung zu bestimmten Themen
- Meine Selbstfürsorge
- Meine Außenwirkung und mein Stolz
- Meine Sicherheit und Unsicherheit

Genau wie bei allem, was unser Hier betrifft, ist auch in diesem Bereich keine echte Änderung ohne Gott möglich. Zwar kann ich einzelne Veränderungen anstoßen, aber ich werde immer wieder durch meine eigenen Grenzen ausgebremst. Es sind die »Hier bin ich«-Momente, in denen Gott uns aus unseren eigenen und so oft fehlerhaften Handlungen herausruft und uns neu in seinen Dienst stellt.

Dieser Prozess ist nicht immer angenehm, das habe ich in den letzten Jahren mehr als nur einmal gespürt. Ein Kollege drückte es einmal so aus: »Pastor sein, bedeutet zu achtzig Prozent, unangenehme Gespräche zu führen.«

In der Nachfolge auf dem Weg Christi müssen wir bereit sein, unsere eigenen Ideen und Handlungen hinten anstellen. Wir müssen uns von Gott verändern lassen und ihn als Mittelpunkt in unserem Leben annehmen. Das geht nur, wenn wir Gott immer besser kennenlernen. Wie sollen wir in seinem Namen handeln, lieben und leben, wenn wir ihn nicht im tiefsten Herzen kennen? Wie könnte meine Sicht auf die Welt, ohne ihn zu kennen, ganz von seinen Augen beeinflusst sein? Wie sonst könnte ich lernen, so auf mich zu achten, wie Gott es möchte?

Gott zu kennen, ist das Vorrecht eines Christen und einer Christin. Es ist nicht das Vorrecht von Theologen und Pastoren. Die haben vielleicht mehr Bücherwissen, aber darum geht es nicht, sondern um ein intimes Kennenlernen, das es nur da gibt, wo Gott sich zu erkennen gibt. Das können wir nicht machen, aber wir können ihn suchen, denn Gott sagt: »Wenn ihr mich sucht, werdet ihr mich finden; ja, wenn ihr ernsthaft, mit ganzem Herzen nach mir verlangt, werde ich mich von euch finden lassen« (Jeremia 29,13-14).

Seien wir ehrlich: Wem würdest du lieber folgen? Einem Gott, der sich dir zeigt, der dir in Jesus sein Herz schenkt, oder einem Gott, der weit entfernt ist und über den du nur spekulieren kannst?

Die Antwort sollte einfach sein. Und doch ist der Satz: »Aber wissen können wir es nicht«, einer der häufigsten, den ich im Zusammenhang mit dem Glauben höre. Es stimmt: Abschließend mit allen Fußnoten und jedem Pünktchen können wir Gott nicht durchleuchten. Sonst wäre er nicht mehr Gott. Aber es gibt etwas anderes, das entsteht, wenn wir ihn immer besser kennenlernen: Vertrauen. Jede gute Beziehung entwickelt ein Vertrauen in den anderen. Und das trägt, selbst wenn ich mein Gegenüber nicht in jeder Sekunde zu hundert Prozent durchleuchten kann. Mit anderen Worten: Ich vertraue meiner Frau Anni und sie vertraut mir. Obwohl wir uns nicht gegenseitig kontrollieren. Obwohl wir in manchen Dingen unterschiedlich denken. Obwohl ich nicht immer weiß, wie sie in einer bestimmten Situation reagieren wird. Obwohl ich sie manchmal nicht verstehe. Wir vertrauen einander und der Beziehung, die wir haben, und der Liebe, die wir uns vor Gott geschworen haben.

Das ist blindes Vertrauen. Kein Vertrauen, das blind ins Unglück läuft, sondern ein Vertrauen, bei dem ich die Augen schließen kann, weil ich weiß, dass ich sicher geführt werde.

MOSE & DER INNERE KAMPF

Feuer

Wenn er still saß und nur dem Wind lauschte, hörte er manchmal
die Schreie der Vergangenheit. Dann kniff er die Augen zusammen
und wartete, dass wieder Ruhe einkehrte. So saß er stundenlang auf
immer der gleichen Anhöhe und blickte über das karge Land. Zeit
hatte er genug.

Irgendwann zog er mit der Herde weiter. Die Tage zählte er schon
lange nicht mehr. Abends suchte er sich wieder eine Anhöhe, auf die
er sich zurückziehen konnte. Er hatte sich an die Einsamkeit gewöhnt.
Selbst die Stille machte ihm nicht mehr so viel aus wie noch vor
einigen Jahren.

An seinen Stab gelehnt, dachte er an die goldenen Paläste zurück.
Er dachte an die Götter, die er angebetet hatte und die ihm nicht
geholfen hatten. Er dachte an die Götter, die ihn nun hassten.

Ein Mann hatte ihn einmal gefragt, warum er sich verstecke. Er hatte
ihm tief in die Augen geschaut, mit den Schultern gezuckt und war
weitergezogen. Er gab keine Antworten mehr. Er zog nur noch umher.

Immer mit der Herde. Ein Schritt vor den anderen, so weit weg wie möglich.

Nur an den Abenden kamen die Gedanken zurück. Dann dachte er an sein altes Leben. An alles, was er gelernt hatte und nun nicht mehr brauchte. Er hatte die besten Lehrer gehabt, die beste Bildung. Doch seiner Herde war das egal. Solange er den Hirtenstab halten und pfeifen konnte, war alles in Ordnung.

Mose ließ sich gegen einen Felsen sinken und zog seinen Umhang enger um die Schultern. Für einen Moment schloss er die Augen, bis sie sich fast wie von selbst wieder öffneten. Da war ein orangefarbenes Flackern und eine plötzlich aufsteigende Wärme berührte ihn.

Der innere Kampf

Kämpfst du oft mit Unsicherheit? Hast du das tiefe innere Gefühl, dass Unsicherheit dich von deiner eigentlichen Bestimmung abhält? Mose kannte diesen Kampf.

Obwohl er in seiner Kindheit am Hof des Pharaos die beste Ausbildung genossen hatte, die man sich vorstellen kann, und ihm jeder Wunsch von den Lippen abgelesen wurde, war er tief in seinem Herzen nur ein Mann, der sich mit Unsicherheit und wenig Vertrauen in seine gottgegebenen Fähigkeiten herumschlug. Doch er hatte in seinen negativen Selbstgesprächen Gott nicht eingeplant. Gott hatte vor, das Versprechen, das er einst Abraham gegeben hatte, nun einzulösen. Israel sollte aus der Gefangenschaft befreit werden und endlich in das verheißene Land geführt werden. Und Mose war der Mann, den Gott für diese Aufgabe erwählt hatte.

Mose brachte einen besonderen Lebenslauf mit. Heute würde man es eine gebrochene Biografie nennen. Er kannte es, sowohl ganz oben als auch ganz unten zu sein.

Viele Jahre nach Abrahams Wanderung ließen sich Josef und seine Familie im Land Ägypten nieder. Dort wuchsen die Israeliten zu einer großen Zahl heran – so groß, dass der Pharao ein Dekret zur Bevölkerungskontrolle erließ, wonach alle männlichen israelitischen Babys getötet werden sollten. Genau zu dieser Zeit wurde Mose geboren.

In einem letzten Versuch, sein Leben zu retten, legte seine Mutter ihn in einen wasserdichten Korb und setze ihn in die Strömung des Flusses. Der Korb wurde ausgerechnet der Tochter des Pharaos vor die Füße gespült und Mose wuchs als ihr Adoptivsohn im Haus des Herrschers von Ägypten auf.

Ich weiß nicht, wo die Unsicherheiten für Mose begonnen haben, aber ich kann mir vorstellen, dass es anfing, als er merkte, dass er nicht bei seinem Volk aufwuchs, sondern in der Familie des Mannes, der seine Altersgenossen hatte ermorden lassen. Was auch immer die Ursache für Moses Mangel an Selbstvertrauen war, seine Unsicherheit verschlimmerte sich, als er im Alter von vierzig Jahren einen Ägypter tötete, weil dieser einen Sklaven geschlagen hatte. Mose, der nun von Hebräern und Ägyptern gemieden oder sogar verfolgt wurde, floh in die Wüste, wo er die nächsten vierzig Jahre als Hirte verbrachte. Dort in seinem Exil hatte er seinen »Hier bin ich«-Moment.

Als Mose sich um die Herde kümmerte, sah er einen Busch, der brannte, aber nicht verbrannte, und er näherte sich ihm. Aus dem Busch rief Gott seinen Namen und Mose antwortete: »Hier bin ich.«

Nun erklärte Gott Mose, was er mit ihm vorhatte: »Du wirst nach Ägypten zurückgehen und mein Volk aus der Gefangenschaft befreien.«

Mit diesen Worten stand Mose an der Schwelle zu einem neuen Kapitel in der Geschichte seines Volkes. Sprachlos blickte er in das Feuer.

Damit er Gott auf diesem Weg folgen konnte, musste Mose ihn zuerst kennenlernen.

Der Neue

Bevor ich meinen Dienst in der neuen Gemeinde begann, wollte ich diese unerkannt erkunden. Zunächst fuhr ich mit dem Auto die Straßen ab. Es fühlte sich ein wenig an wie James Bond. Anschließend parkte ich mein Auto in einer Seitenstraße und ging die Wege entlang. Ich sah mir die Kirche an und das Pastorat, in dem ich wohnen sollte. Damals war ich noch alleine, Anni lernte ich erst im Jahr darauf kennen. Wenn mich jemand sah, grüßte ich. Immerhin war ich auf dem Land. Aber ich stellte mich nicht vor. Niemand wusste, wer ich war.

So streifte ich ein wenig durch den Ort und malte mir aus, was ich hier als Pastor erleben würde. Welchen Menschen würde ich in einer Glaubenskrise begleiten? Wen würde ich als Erstes beerdigen? Damals ahnte ich nicht, dass ich in diesen Straßen einigen meiner härtesten Prüfungen gegenüberstehen würde. Und der Ort, wo ich Pastor bin, hat keinen Brennpunkt. Es gibt keine brennenden Mülltonnen an den Straßenecken und auch keine Bezirke, in die man besser nicht gehen sollte. Die meisten Leute verschließen wahrscheinlich nie ihre Hintertür, schließlich kann man ja nicht wissen, wann ein Nachbar auf einen Schnack vorbeischauen will.

AUF MICH WARTETEN ANDERE PRÜFUNGEN ALS IN EINER GROSSSTADT.

Auf mich warteten andere Prüfungen als in einer Großstadt. Es ging um Leitung und Führung. Für mich selbst und die Gemeinde. Eine meiner zukünftigen Herausforderungen kündigte sich bereits an, als ich unerkannt durch den Ort schlenderte.

An diesem Tag führte ich ein Gespräch mit einem älteren Herrn, den ich später noch besser kennen- und schätzen lernen sollte. Er stand vor der Kirche auf dem Friedhof und musterte mich nachdenklich. Zuerst glaubte ich, dass er sich vermutlich fragte, wer dieser Typ in zu engen Jeans und mit einem zu langen Bart sei. Er grüßte. Ich grüßte zurück. Für einen Moment schwiegen wir uns typisch norddeutsch an. Mit einem Seufzen kann hier bei uns schon alles gesagt werden.

»Sie hat sich verändert«, sagte er mit einem Mal. Ich sah ihn fragend an. Er nickte zu der kleinen Feldsteinkirche hinüber. In der nächste halben Stunde erzählte er mir von der Situation der Gemeinde. Mein Vorgänger war vor zwei Jahren recht plötzlich gegangen. Es hatte ein kurzes Intermezzo mit einem anderen Pastor gegeben, was dazu geführt hatte, dass er und die Leitung der Gemeinde mit einem großen Knall und Drohungen von Rücktritt auseinandergegangen waren. Vieles war eingeschlafen. Und was nicht eingeschlafen war, übte sich in reger Geschäftigkeit, die aber oft anderes war als Verkündigung des Evangeliums.

Zwei Dinge waren mir zu diesem Zeitpunkt noch nicht klar:

1. Nur weil ich mein Studium abgeschlossen hatte, war Gott noch lange nicht mit meiner Ausbildung fertig.

Gottes Ziel war (und ist es immer noch), aus mir einen immer besseren Leiter zu machen. Denn wie sagte mir Pastor Craig Groeschel einmal in einem Gespräch: »Wenn der Leiter besser wird, werden alle besser.« Dass der Weg der Leitung ein Wachstumsprozess ist, der aufs Engste mit der intimen Kenntnis Gottes verbunden ist, ahnte ich damals noch nicht.

2. Je näher ich die Menschen der Gemeinde kennenlernte, umso mehr betrachtete ich sie mit Augen der Liebe.

Gott zeigte mir an diesem Ort die Schönheit seiner Schöpfung. Nicht bloß die der Natur, sondern gerade auch der Menschen. In unseren Gemeinden tummeln sich so viele Wünsche, Träume, Hoffnungen, Verletzungen und Enttäuschungen, dass wir manchmal den Überblick verlieren und am liebsten alles über einen Kamm scheren (»So ist diese Gemeinde und die brauchen das!«). Du bist aber nicht zufällig an dem Ort, an dem du bist, zur Nachfolge bestimmt, sondern dazu berufen, Menschen und ihre Geschichten kennenzulernen und ihnen die Möglichkeit zu geben, Gott kennenzulernen, durch dich und deine Erfahrungen hindurch.

Du hast vor Jahren einen tragischen Verlust erlebt? Bestimmt ist in deiner Nähe jemand, der genau jetzt einen ähnlichen Schmerz durchlebt.

Du fühlst dich einsam und hast mit Depressionen zu kämpfen? Du bist nicht alleine in dieser Schlacht.

Hast du in deiner Kindheit zu wenig Liebe erfahren? Wenn du heil wirst, kannst du andere auf dem Weg ihrer Heilung begleiten.

Menschen werden durch Menschen verletzt und sie erfahren Heilung durch andere Menschen. Das funktioniert aber nur, wenn wir offen sind und unsere Wunden nicht verstecken.

Ich brauchte etwas Zeit, um das alles zu lernen. Zwar keine vierzig Jahre in der Wüste, aber dennoch eine ganze Weile. Was ich allerdings von Anfang an wusste, war, dass ich eine ziemlich große Aufgabe vor mir hatte und umso mehr einen großen Gott brauchte. Und genau darauf baute Gott auf.

GOTT STELLT SICH VOR

Ein mächtiger Gott

Eine Sache liebe ich am Reisen mit dem Flugzeug besonders. Sobald das Flugzeug nur ein wenig zu rütteln beginnt, steigt die Anzahl der Gläubigen unter den Passagieren exorbitant. Oder zumindest die Anzahl derer, die beten.

Natürlich gibt es einen großen Unterschied zwischen einem plötzlichen Gebet in einer Notsituation (so ernsthaft es auch gemeint sein mag) und dem Gebet eines langjährigen Christen. Der Unterschied liegt aber weder in der Zeit, zu der dieses gesprochen wird, noch in den Worten, sondern allein darin, dass einer von beiden weiß, wer am anderen Ende sitzt und zuhört. Der Unterschied liegt in der Intimität.

Wer ist dieser mächtige Gott, der alles ins Leben gerufen hat und zugleich ein Liebhaber unserer Schwäche ist? Wer ist dieser Gott, der Abraham aus seinem monotonen Leben herausgerufen hat? Wer ist der Gott, der zu Mose aus dem Dornbusch gesprochen hat? Können wir ihn verstehen? Können wir wirklich wissen, wer er ist?

Die Wahrheit ist, dass wir nicht alles über Gott wissen können. Es gibt einige Dinge, die für uns zu schwer zu verstehen sind. Aber wir können ein tieferes Verständnis von ihm gewinnen. Je mehr wir die Bibel lesen und je häufiger wir mit ihm sprechen, desto näher kommen wir ihm, desto tiefer wird unsere Beziehung. Das mag nach einer banalen Wahrheit klingen, ist aber Grundlage unseres Glaubens.

Gott möchte in Beziehung mit seinem Volk stehen. Gott will eine Beziehung mit uns. Dein Gott möchte eine Beziehung mit dir.

Ist das nicht ein erstaunlicher Gedanke? Gott will eine persönliche Beziehung mit dir haben. Er ist ein persönlicher Gott.

Für die Nachfolge ist dieser Gedanke entscheidend. Wir laufen nicht einem Gott hinterher, der uns den Rücken zugewandt hat und einfach nur vorausgeht. Nachfolge ist eine Beziehung, in der wir leben. Sie ist ein ständiges Austauschen und Lernen. Deshalb kann Nachfolge nur stattfinden, wenn wir wissen, wem wir folgen.

GOTT WILL EINE BEZIEHUNG MIT UNS.

In den Glaubenskursen unserer Gemeinde frage ich die Teilnehmer an einem Abend nach ihrem Gottesbild. Mich interessiert die dominierende Vorstellung, die sie in ihrem Leben bisher von Gott hatten, denn im Normalfall hat jeder Mensch ein Bild von Gott, selbst wenn es die Vorstellung ist, dass er verschwunden ist oder nie da war.

Bei manchen Menschen wird die Vorstellung von Gott in der frühen Kindheit geprägt und bleibt dort stehen. Bei anderen verändert sich das Gottesbild durch einen Schicksalsschlag radikal. Menschen, die sich eher als spirituell bezeichnen würden, nennen Gott am liebsten Energie oder Liebe und denken wenig an einen persönlichen Gott, wie Jesus ihn uns zeigt. Andere glauben, dass Gott in der Natur zu finden ist oder jeder nach seiner eigenen Auffassung selig werden soll.

Woher stammt die Vorstellung, die wir von Gott haben? Wer oder was hat unser Bild von Gott beeinflusst? Können wir unserer Vorstellung von Gott trauen? Was sollen wir tun, wenn sich herausstellt, dass Gott ganz anders ist, als wir ihn uns ausgemalt haben?

Nicht umsonst hat sich für die Vorstellung von Gott das Wort Gottes*bild* etabliert. Bilder spielen in unserem Leben eine große Rolle. Unser Innenleben ist voller Bilder, und nicht selten beeinflusst unsere innere Bilderwelt aus Träumen, Wünschen und Vorstellungen unser Leben stärker, als wir ahnen. So hat jeder ein Bild von Gott, das mehr oder weniger falsch sein kann. Niemand kann ihn je ganz erfassen, aber wir können aus der Bibel sehr viel über ihn erfahren und uns fragen, ob wir Gott so sehen, wie die Bibel ihn uns zeigt.

Wenn ich an diesem Abend im Glaubenskurs nach dem Gottesbild frage, steht meist eine ganze Reihe von unterschiedlichen Vorstellungen von Gott im Raum. Ein Mann beklagt die Abwesenheit Gottes. Eigentlich können wir nichts über Gott sagen, da er – wenn es ihn überhaupt gibt – weit weg ist. Im Alltag wird das oft gerade dadurch erfahrbar, dass Gott eben nicht erfahrbar ist. Er spielt anscheinend keine Rolle, er greift nicht in das Leben ein und interessiert sich – so der Gedanke – wahrscheinlich eh nicht für ein einzelnes Leben.

Für jemand anderen ist Gott eher wie ein Notarzt. Er wird immer dann gerufen, wenn es brenzlig wird. Wenn nichts anderes mehr hilft, ist wenigstens noch Gott da. »Hilf dir selbst, dann hilft dir Gott, ist die Devise.« Gott ist dann eher etwas für Kranke oder Sterbende oder die gefährlichen Wackler im Flugzeug, denn solange man es noch alleine schafft, ist es besser ohne ihn.

Eine Frau baut sich ihren Gott fein säuberlich aus allen möglichen Vorstellungen zusammen. Ein bisschen christlich, ein bisschen philosophisch, ein bisschen esoterisch. Wie in einem Supermarkt wird das ausgesucht, was schmeckt, der Rest bleibt im Regal. Ob das am Ende eine gesunde Mahlzeit ergibt, ist fraglich.

Für andere ist Gott ein softer Hippie-Jesus mit wallendem Haar oder ein Oberstaatsanwalt mit erhobenem Zeigefinger. Entweder führt er eine genaue Strichliste über all unsere Fehler und wird sie demnächst durch ein Unglück bestrafen oder aber er ist zuckersüß, nimmt so fest in den Arm, dass der selbst gestrickte Wollpullover kratzt, und lässt im Namen der Liebe alles durchgehen.

Der Gott, von dem uns die Bibel berichtet, fällt in keine dieser Kategorien. Er lässt sich nicht in eine Kiste sperren und mit einem

Label versehen. Er lässt sich auch nicht per Knopfdruck ein- oder ausschalten. Er wird erst erfahrbar, wenn er aus seiner Verborgenheit hervortritt und sich uns zeigt. Und er wird erfahrbar, wenn wir uns ihm nicht verschließen. Gott ist kein Stück der Welt, über das wir nach Belieben verfügen können.

Deshalb ist die hauptsächliche Aufgabe der Nachfolge und damit auch ihre Herausforderung, Gott kennenzulernen. Wir können uns noch so viele Vorstellungen von ihm machen, wenn sie nicht mit der Realität übereinstimmen, sind sie wertlos, Hirngespinste, die mich nicht mal durch ein einziges finsteres Tal begleiten.

Das Mysterium mag eine Zeit lang spannend sein. Doch Gott durch den Nebel zu beobachten und zu raten, wer da auf der anderen Seite wohl wartet, ist nichts, auf das man ein Leben bauen sollte.

Wenn ich einem Menschen vertrauen möchte, hilft es mir, ihn kennenzulernen. Um wie viel mehr gilt das bei Gott! Denn eine Sache sollte klar sein: Bei der Nachfolge geht es um ein begründetes Vertrauen. Ein Vertrauen, das sich ganz darauf gründet, dass Gott uns eben nicht im Dunkeln tappen lässt, sondern sich uns zeigt.

Während Menschen sich verändern, Ehen scheitern und Kinder sich von ihren Eltern abwenden, bleibt Gott immer derselbe. Er war immer vertrauenswürdig, ist immer vertrauenswürdig und wird es immer sein (Maleachi 3,6; Hebräer 13,8). Selbst »wenn wir untreu sind, bleibt er treu, denn er kann sich selbst nicht verleugnen« (2. Timotheus 2,13).

Der Glaube an Gott ist kein blinder Glaubenssprung. Der Glaube ist nicht irrational oder albern. Er ist auch kein Schritt ins Leere oder eine Unsicherheit à la: »Ich glaube, ich habe das Licht angelassen.« Glaube ist vernünftig. Glaube ist der Weg, die Welt zu sehen, wie sie wirklich ist. Glaube ist die Entscheidung, das Leben, die Welt und Gott zu umarmen.

Natürlich ist Glaube kein erschöpfendes Wissen oder vollständiges Verstehen. Glaube ist das Vertrauen auf bestimmte Dinge, die wir noch nicht sehen. Der Glaube sieht die Sterne und beginnt zu staunen. Der Glaube sieht ein kleines Baby in den Armen seiner Mutter und blinzelt vor Faszination zwischen Tränen. Selbst im Angesicht des Bösen regt sich der Glaube und hofft auf Rettung. All das sind keine ausgedachten Realitäten. Es sind Teile einer Geschichte und die Pointe ist Gott, ein guter und liebender Schöpfer, und eine Welt, die vor Schönheit strotzt und zugleich vom Bösen und der Sünde durchzogen ist. Genau aus diesem Grund offenbart sich Gott.

Sobald das deutlich wird, sortieren sich mit einem Mal auch die Probleme des Lebens neu. Wenn ich erkenne, dass mein Lebensziel eigentlich darin liegt, Gott kennenzulernen, stuft das eine Schramme im Lack meines neuen Autos schon ein ganzes Stück niedriger ein. Ich liebe das Auto – aber Gott liebe ich mehr.

Wenn du Gott kennst, wird aus einem Gebet ein Gespräch, weil du weißt, wer dich am anderen Ende hört.

Wenn du eine Beziehung zu Gott hast, wird Bibel lesen zu Bibel erleben, weil du nicht nur Psalm 23 aufsagen kannst, sondern den Hirten kennst.

Wenn Gott sich dir offenbart, wird Nachfolge zu deinem Lebensstil, weil du gar nicht mehr anders kannst, als diesem Gott zu folgen, den du nun kennst.

Gott ist.

Aber Mose wandte ein: »Wenn ich zu den Israeliten gehe und ihnen sage: ›Der Gott eurer Vorfahren hat mich zu euch gesandt‹, und sie mich dann fragen: ›Wie heißt er denn?‹, was soll ich ihnen dann antworten?«
Gott entgegnete: »Ich bin, der ich immer bin. Sag ihnen einfach: ›Ich bin hat mich zu euch gesandt.‹« Und er fügte hinzu: »Sag ihnen: ›Der Herr,

der Gott eurer Vorfahren – der Gott Abrahams, der Gott Isaaks und der Gott Jakobs – hat mich zu euch gesandt.‹ Das ist mein Name für alle Zeiten; alle kommenden Generationen sollen mich so nennen.«

2. Mose 3,13-15

Ich hatte auf dem Schulhof unterschiedliche Spitznamen. Mal ging es um meine Haare, mal um meinen Musikgeschmack, mal um meine (Un-)Sportlichkeit. Gemeinsam hatten sie nur eines: Ich hatte sie mir nicht selbst ausgesucht und sie waren wenig schmeichelhaft. Ich hätte damals einiges dafür gegeben, die Sportskanone zu sein. Oder der Draufgänger. Oder der Mädchenschwarm. Vor allem der Mädchenschwarm. Ich brachte es aber nur zum Klassenclown.

Das Gute ist: Du bist nicht, was andere sagen, wer du bist. Du bist, was Gott sagt, wer du bist. Doch je mehr Gedanken du dir darüber machst, was die anderen denken, umso mehr driftet dein Fokus davon weg, was Gott über dich denkt. Was ist am Ende wohl wichtiger? Dass dein Lehrer in der achten Klasse über dich gesagt hat, dass du unmusikalisch bist und niemals einen richtigen Ton rausbekommen wirst? Oder dass Gott dich trotzdem liebt (immerhin hat er dir die Stimmbänder gegeben)?

Mose erlebt dieses Phänomen, als er vor Gott steht. Er erlebt Gottes Nähe, lernt ihn kennen und zugleich lernt er, dass die entscheidende Frage woanders liegt: Es geht nicht darum, wer Mose ist. Es geht darum, wer Gott ist. Der Rest sortiert sich dann von alleine.

Mehr als Schall und Rauch

Mose stellt eine einfache Frage: »Wenn ich gefragt werde, wer mich gesandt hat, was soll ich dann sagen?«

Ich denke, ich würde ähnlich handeln. Sollte ich einem brennenden Busch begegnen, der mit mir redet, wüsste ich sicherlich auch gerne, was sich dahinter verbirgt.

Es ist kein Zufall, dass Gott sich an dieser Stelle vorstellt, nach einer langen Zeit des Schweigens. Lange hat das Volk nichts von seinem Gott gehört. Die Israeliten hatten vergessen, zu wem sie gehörten. Indem Gott ihnen nun durch Mose seinen Namen verriet, erinnerte er sie nicht nur an die vergangenen Zeiten, sondern er zeigte zugleich seinen Charakter.

Es ist eine typische Eigenart Gottes, dass er Namen eine besondere Bedeutung beimisst. Nicht selten gibt er Menschen einen Namen, der ihren Charakter, ihre Fähigkeiten oder ihre Mission verdeutlicht. So ändert er den Namen Abram in Abraham, um zu zeigen, dass er ihn zum Vater vieler Nationen gemacht hat (1. Mose 17,5). Gott ändert den Namen Sarai in Sara, das bedeutet Fürstin (1. Mose 17,15). Er gibt Jakob den Namen Israel (1. Mose 32,28). Und als der Sohn Gottes in die Welt kommt, wird sein Name nicht dem Zufall überlassen: »Sie wird einen Sohn zur Welt bringen. Du sollst ihm den Namen Jesus geben, denn er wird sein Volk von allen Sünden befreien« (Matthäus 1,21).

Als meine Frau und ich unseren ersten Sohn erwarteten, haben wir lange über einen Namen nachgedacht. Wir waren uns einig, dass es ein biblischer Name sein sollte, und nahmen daher das Namenregister einer Studienbibel unter die Lupe. Am Ende einigten wir uns nach einigem Hin und Her auf zwei Namen – mein Vorschlag Mordechai wurde dabei abgelehnt. Mehrfach.

Unser Sohn heißt Titus Juda. Ein Name aus dem Neuen Testament und einer aus dem Alten. Titus war ein Heidenchrist (Galater 2,3), der zu den engen Mitarbeitern von Paulus gehörte und den Apostel bei schwierigen Missionen unterstützte. So reiste er mit zum Apostelkonzil nach Jerusalem (Galater 2,1-10), war an der Entschärfung der Krise in Korinth beteiligt (2. Korinther 2,13; 7,6; 12,18) und wurde schließlich von Paulus auf die für ihre Sünde berüchtigte Insel Kreta geschickt, um die Ordnung in den dortigen Gemeinden wiederherzustellen. Ein Teil seiner Aufgabe bestand darin, korrupte Lehrer durch gottesfürchtige Leiter zu ersetzen. Schließlich wurde Titus selbst zum ersten Bischof auf Kreta – ein Schüler, der zum Leiter herangewachsen war.

Der zweite Vorname unseres Sohnes bedeutet Gotteslob. Die Ankunft des biblischen Juda geht mit großer Freude einher. Bei seiner Geburt ruft seine Mutter Lea aus: »Nun will ich den Herrn preisen!« (1. Mose 29,35). Daher nannte sie ihn Juda. Das hebräische Wort für »ich will preisen« hat dieselbe Wurzel wie der Name Juda. Im Neuen Testament wird der Name im Zusammenhang mit der Wiederkunft von Jesus erwähnt. Dort heißt es: »Weine nicht! Siehe, der Löwe aus dem Stamm Juda, der Erbe aus der Wurzel Davids, hat gesiegt. Er ist würdig, die Schriftrolle zu öffnen und ihre sieben Siegel zu brechen« (Offenbarung 5,5).

ICH WILL IMMER WIEDER AN GOTTES TREUE ERINNERT WERDEN, WENN ICH MEINEN SOHN SEHE.

Mit anderen Worten: Wir haben versucht, unserem Sohn Namen zu geben, die seine Zukunft und seinen Charakter bestimmen. Wir haben ihm Namen gegeben, in die er hineinwachsen und um die er sich bemühen und für die er beten soll. Zugleich habe ich auch Hoffnung in diese Namen gelegt. Ich will immer wieder an Gottes Treue erinnert werden, wenn ich meinen Sohn sehe. Er ist mein kleiner Leuchtturm in dunklen Tagen.

Nun gibt es einen großen Unterschied zwischen mir und Gott. Wenn ich meinem Sohn einen Namen gebe, habe ich weder die Macht noch die Autorität, ihn zu formen, bis er zu dem Namen passt. Ich gebe ihm den Namen in der Hoffnung und im Gebet, dass mein Sohn das wird, was sein Name impliziert. Aber Gott hat das Recht und die Macht, nicht bloß einen Namen zu geben, sondern den Menschen im Anschluss auch zu dem werden zu lassen, was der Name andeutet. Die Namen, die er gibt, sind sichere Hinweise auf die Bestimmung derer, die er benennt.

Wenn Gott uns seinen eigenen Namen offenbart (den er sich selbst gegeben hat), können wir sicher sein, dass der Name vollgepackt ist mit dem, wer er ist und was er zu tun beabsichtigt. Gott wählt Namen nicht willkürlich für sich selbst aus. Es geht ihm nicht darum, dass der Name einfach nur schön klingt oder man ihm keine peinlichen Spitznamen gibt. Er wählt Namen, um Dinge über sich selbst zu offenbaren, die unsere Liebe zu ihm vertiefen, unsere Bewunderung erweitern und unseren Glauben stärken.

Der wichtigste Name

Der häufigste und wichtigste Name für Gott im Alten Testament wird in unseren deutschen Bibeln nie übersetzt. Immer wenn wir in der Heiligen Schrift das Wort HERR in Kapitälchen sehen, wissen wir, dass eigentlich dieser Name dahintersteckt.

Im Hebräischen hatte der Name vier Buchstaben – JHWH – und wurde vielleicht so ähnlich wie Jahwe ausgesprochen. Die Juden betrachten dieses Wort mit einer solchen Ehrfurcht, dass sie es nie über ihre Lippen kommen lassen würden, damit sie den Namen nicht versehentlich unehrenhaft gebrauchen. Wann immer sie also bei ihrer Lektüre auf diesen Namen stoßen, sprechen sie das Wort Adonai aus, was »mein Herr« bedeutet. Viele deutsche Übersetzungen folgten im Grunde dem gleichen Muster, wenn sie den Eigennamen Jahwe mit dem Wort HERR übersetzen.

Bei diesem Austausch kommen wir aber leicht auf eine falsche Fährte in unserem Verständnis von Gott. Das einfache Wort HERR steht in unserer Sprache nicht für einen Eigennamen. Es drückt eine

Rangordnung aus – Gott ist Herr, wir Menschen sind es nicht. Das Wort Mutter oder Ehefrau sagt etwas anderes aus als Anni; Vater, Ehemann oder Pastor etwas anderes als Gunnar; Sohn etwas anderes als Titus. JHWH hingegen ist Gottes echter Name. Durch das ganze Alte Testament hindurch kommt er 6828-mal vor, knapp dreimal so häufig wie die Bezeichnung Gott. Es scheint mir also recht deutlich, dass Gott nicht als eine allgemeine Gottheit gesehen, sondern mit seinem Namen angesprochen werden möchte, mit einem Namen, der seinen Charakter und seine Mission offenbart.

Zum ersten Mal offenbart Gott seinen Namen gegenüber Mose. Als er ihm befiehlt, nach Ägypten zu gehen und sein Volk Israel aus der Gefangenschaft zu holen, fragt Mose: »Wenn ich zu den Israeliten gehe und ihnen sage: ›Der Gott eurer Vorfahren hat mich zu euch gesandt‹, und sie mich dann fragen: ›Wie heißt er denn?‹, was soll ich ihnen dann antworten?«

Gott entgegnet:

> »Ich bin, der ich immer bin. Sag ihnen einfach: ›Ich bin hat mich zu euch gesandt.‹ … Sag ihnen: ›Der Herr, der Gott eurer Vorfahren – der Gott Abrahams, der Gott Isaaks und der Gott Jakobs – hat mich zu euch gesandt.‹ Das ist mein Name für alle Zeiten; alle kommenden Generationen sollen mich so nennen.«
>
> 2. Mose 3,13-15

Mose erlebt das, was man normalerweise erlebt, wenn man einen Theologen etwas fragt. Man stellt eine Frage und bekommt drei Antworten. Gott sagt:

1. »Ich bin, der ich immer bin.«
2. »Ich bin.«
3. »Jahwe, der Gott eurer Vorfahren.«

Wir kennen den Namen Jahwe von seiner verkürzten Form Jah am Ende von Halleluja. Wenn wir das im Gottesdienst singen, sagen wir damit: »Gelobt sei Jahwe!« Jah ist auch Teil vieler hebräischer Namen wie Tobias (Jahwe ist gut) oder Elia (Jahwe ist Gott).

Gottes Antwort an Mose zeigt uns, dass sein Name aufs Engste mit dem hebräischen Verb »Ich bin« verbunden ist. Jahwe ist im Grunde der Seiende. Der Existierende. »Ich bin, der ich bin« ist die grundlegendste Bedeutung von Jahwe. Es bedeutet: Mein Sein kommt aus meinem Sein. Meine Existenz aus meiner Existenz. Kein Anfang. Kein Ende. Keine Abhängigkeit. Gott ist, war immer und wird immer sein. All dies kommuniziert er mit einem persönlichen Namen. Er legt die wichtigste Wahrheit über sich selbst in seinen Namen.

»Ich bin, der ich bin« – je mehr wir über diesen Namen nachdenken und beten, umso tiefer tauchen wir in das Geheimnis Gottes ein. Und je tiefer wir eintauchen, umso intimer wird die Beziehung zu unserem Schöpfer. Gott ist keine kosmische Energie, sondern eine Person. Er ist kein unbestimmter Gott, sondern er offenbart sich uns durch seine Namen.

Halte an dieser Stelle einen Moment inne. Leg das Buch zur Seite und denke nach. Wann hast du Gott das letzte Mal so erlebt? Wann hattest du das Gefühl, Gott wirklich zu kennen? Oder etwas Neues über ihn zu erfahren? Denkst du an eine Person, wenn du an Gott denkst? An jemanden, der dich anschaut, der an dich denkt, der dich kennt?

Gott ist da. Genau jetzt. Sein Name verrät es dir. Er sieht dich an. Liebt dich. Wartet auf dich.

Leb dein Leben nicht wie jemand, der nur an Gott denkt, wenn das Flugzeug zu rütteln beginnt. Gib dich nicht mit einem normalen Leben zufrieden, wenn du den Schöpfer des Universums in deinem Leben haben könntest.

Intime Gegenwart

Moses Erlebnis vor dem brennenden Busch ist das Eintauchen in Gottes Gegenwart. Das ist auch kein Wunder, denn es ist schlichtweg unmöglich, Gott in einem anderen Moment als in der Gegenwart nachzufolgen. Allein in der Gegenwart ist die Intimität des Glaubens zu erleben.

Intimität ist das, was wir erleben, wenn wir unser Gegenüber wirklich kennen und es uns wirklich kennt. Und selbst wenn wir das normalerweise mit räumlicher Sprache ausdrücken (wir stehen uns nahe, wir sind auf einer Ebene, sie kennt meine tiefsten Gedanken), ist Intimität keine Frage der Nähe oder Ferne, sondern eine Frage der Beziehung.

Die Beziehung zu einem anderen Menschen kann nur aufgebaut werden, wenn ich jemandem vertraue. Vertrauen ist das Herzstück der Intimität. Je mehr wir jemandem vertrauen, desto näher lassen wir ihn an uns heran. Der Grad, in dem das Vertrauen in einer Beziehung beeinträchtigt wird, ist der Grad, in dem sich Intimität verflüchtigt.

Das gilt für unsere Beziehung zu Gott ebenso wie für unsere Beziehungen zu anderen Menschen. Unsere Erfahrung von Gottes Nähe oder Ferne ist jedoch keine Beschreibung seiner tatsächlichen Nähe zu uns, sondern unsere Erfahrung der Intimität mit ihm.

Es gibt Tage, da sehe ich zweifellos Gottes Gegenwart in meinem Leben. Ich habe das Gefühl, dass er mich aus der Bibel, der Natur, dem Wort eines anderen Menschen förmlich anspringt. Mein Gebet fließt leicht, die Anbetung bringt mir Freude und ich verbringe den Tag in der Sicherheit, dass Gott seine Hand über mich und meine Familie hält.

An anderen Tagen habe ich jedoch das Gefühl, dass Gott gerade im Urlaub ist. Die gleichen Passagen der Bibel scheinen leblos zu

sein, ich schleppe mich durch das Gebet und dränge mich zur Anbetung. Warum fühlt sich Gott manchmal so entfernt an?

Mose erlebte genau diesen Zustand immer wieder in seinen
Jahren mit dem Volk Israel. Mal war Gottes Gegenwart spürbar,
mal nicht.

Das Eröffnungskapitel des zweiten Buchs Mose zeigt Gottes Erfüllung seiner Verheißung an Abraham für zahlreiche Nachkommen – eine Nation, die ebenso schwer zu zählen ist wie die Sterne
am Himmel. Allerdings brachte das den Pharao dazu, sie aus Angst
zu versklaven. Statt Land und Leben zu genießen, mussten sie tag-
ein, tagaus Ziegel für die Bauwerke Ägyptens brennen.

Gott befreite sein Volk und führte es durch die Wüste. Er begleitete es in Form einer Wolkensäule bei Tag und einer Feuerwolke
bei Nacht. Gott wollte bei seinem Volk wohnen und ließ sie ein Zelt
bauen. Sie nannten es das »Zelt der Begegnung«, denn Gott reiste
mit seinem Volk und lehrte es. Seine Herrlichkeit war in einer solch
intimen Atmosphäre unter ihnen anwesend wie zu keinem vorherigen Zeitpunkt der Weltgeschichte. Seine Anwesenheit unter den
Israeliten war überwältigend.

Doch selbst bei so viel Nähe zu seiner Herrlichkeit vergaßen die
Israeliten die Nähe Gottes und zweifelten an ihm. Als die Ägypter
vor dem Roten Meer auf sie zukamen, beklagten sie sich darüber,
dass Mose sie aus Ägypten herausgeführt hatte. Sie meinten, sie
würden nun in der Wüste sterben. Doch Gott brachte sie trocknen
Fußes durchs Meer (2. Mose 14). Nach einer dreitägigen Wanderung fanden sie kein Wasser, ihre Vorräte gingen zur Neige und sie
verzweifelten (2. Mose 15,22-24). Und während Mose vierzig Tage
und Nächte auf dem Berg Sinai verbrachte und Anweisungen von
Jahwe erhielt, bauten und verehrten die Israeliten ein goldenes
Kalb und schrieben ihre Befreiung aus Ägypten einem falschen
Gott zu (2. Mose 32). Beim ersten Anzeichen von Härte oder Ver-

wirrung gingen die Israeliten davon aus, dass Gott sie verlassen hatte.

Intimität kann nicht erzwungen werden, weder von der einen noch von der anderen Seite. Sie muss zugelassen und erlebt werden. Mose erlebte Gott auf eine intime Art. Sein »Hier bin ich« entfachte das Feuer in seinem Herzen, das es ihm ermöglichte, selbst die größten Hindernisse im Vertrauen auf Gott zu überwinden. Er war ganz von Gottes Herrlichkeit eingenommen. So sehr, dass er Gott später bat, ihm sein Angesicht zu zeigen. Mose lebte für die Intimität mit Gott. Deshalb war seine Beziehung zu Jahwe eine gegenseitige Beziehung. Das Volk hingegen zweifelt im ganzen Buch Exodus an der Anwesenheit Gottes.

MOSE LEBTE FÜR DIE INTIMITÄT MIT GOTT.

Was ist mit uns? An welchen Wahrheiten halten wir fest, wenn Gott fern und weit weg erscheint?

Wir wissen, dass die Gegenwart Gottes bei den Menschen mit der Ankunft von Jesus ihren vollen Ausdruck gefunden hat. Im Johannesevangelium heißt es: »Er, der das Wort ist, wurde Mensch und lebte unter uns« (Johannes 1,14). Wenn man wörtlich aus dem Griechischen übersetzt, heißt es: »Das Wort ist Fleisch geworden und hat bei uns sein Zelt aufgeschlagen.«

In Jesus ist Gott uns nähergekommen – nicht nur in einem Zelt, wie er es in der Wüste tat, sondern jetzt auch in Fleisch und Blut. Heute brauchen wir nicht mehr nach Feuer- oder Wolkensäulen Ausschau zu halten, denn heute wohnt der Heilige Geist in Christen, die so die Gegenwart Gottes mit sich führen. Die Intimität, die wir erleben können, ist um ein Vielfaches gestiegen. Und dennoch erscheint Gott manchmal weit weg. Was sollen wir dann tun?

Natürlich ist es eine kleine Fangfrage. Die Betonung liegt auf dem Wort *erscheint*. Gott selbst hat sich als der Gott offenbart, der da ist. *Ich bin, der ich bin. Ich bin da. Ich bin hier.* Gottes intime

Gegenwart ist in jedem Moment des Lebens anwesend. Gottes Nähe beruht nicht in unserem Verhalten. Seine Nähe ist verankert in seiner Treue. Selbst in unserer Zeit, in der wir nur einen Vorgeschmack dieser Intimität erleben (im Vergleich zur unendlich gesteigerten Nähe Gottes am Jüngsten Tag), hat Gott sein Wort gegeben, für uns da zu sein und uns zu hören, so wie er die Schreie der Israeliten in Ägypten gehört hat.

Mehr als nur Wissen und Ästhetik

Wie kann ich diese Nähe zu Gott erleben? Dies ist eine wichtige Frage, denn es ist die intime Nähe zu Gott, die die Nachfolge mit Leben füllt.

Heute sehe ich vor allem zwei Wege, wie Menschen versuchen, diese Nähe zu erleben. Beide werden als fehlerhaft entlarvt, wenn wir die Begegnung zwischen Mose und Gott betrachten. Ich möchte sie den Weg des Wissens und den Weg der Ästhetik nennen.

Ein häufiger Fehler ist die Annahme, dass Nähe zu Gott durch die Anhäufung von Wissen erreicht werden kann. Natürlich stimmt es, dass wir entscheidende Dinge über Gott wissen müssen, um ihn innig zu kennen. Jesus selbst hat gesagt: »Ihr werdet die Wahrheit erkennen, und die Wahrheit wird euch frei machen« (Johannes 8,32).

Das Besondere an unserer Zeit ist: Noch nie in der Geschichte der christlichen Kirche war so viel theologisches Wissen für so viele Menschen verfügbar wie heute. Die westliche Kirche genießt vermutlich den größten Teil dieses Überflusses. Wir werden überflutet mit Bibelübersetzungen, Büchern, Artikeln, Predigten, Interviews, Filmen, Dokumentationen, Musik und mehr. Und vieles davon ist tatsächlich gut. Enzyklopädisches Wissen führt aber nicht automatisch zu intimem Vertrauen. Jeder von uns kennt Menschen, die über die Jahre viel Wissen über Gott und den Glauben angehäuft haben, deren Glaubensleben allerdings kalt und leer ist.

Wenn ich es mit der Ehe vergleiche, so kann ich viel über meine Frau wissen, ich kann eine Liste über ihre Vorlieben und Fähigkeiten führen. Solange ich aber keine Zeit mit ihr verbringe und ihr mein Herz öffne, wird all dieses Wissen nicht zu einer größeren Intimität führen.

Ebenso wenig führt eine große Show zu Intimität mit Gott. Ich komme aus einer liturgischen Tradition. Die lutherische Kirche ist seit fünfhundert Jahren dafür bekannt, dass sie einen besonderen Fokus auf die liturgische Gestaltung des Gottesdienstes legt. Gleichzeitig wurde ich in den letzten Jahren immer wieder auf Konferenzen eingeladen, die gerade im Bereich des Lobpreises stark darauf ausgerichtet sind, eine bestimmte Atmosphäre zu erzeugen. Weder Liturgie noch Lobpreis sind in sich verkehrt. Aber keins von beidem besitzt von sich aus die Kraft, Gottes Nähe zu uns heraufzubeschwören.

Auch in menschlichen Beziehungen ist dies so. Ich kann für meine Frau ein noch so schönes Dinner bei Kerzenschein planen. Mein Plan mag noch so ausgereift sein. Ihr Lieblingsessen, ein perfekt gedeckter Tisch, leise Musik im Hintergrund. Trotz allem wird die Intimität unserer Beziehung nur in dem Maße spürbar sein, wie sie im gegenseitigen Vertrauen bereits vorhanden ist. Wenn es zwischen uns aufgrund von mangelndem Vertrauen zu Distanz kommt, hat die Ästhetik selbst keine Macht.

Nachfolge und ein damit verbundenes »Hier bin ich«, das von Herzen kommt, ist nicht alleine von Wissen oder Ästhetik abhängig. Mose hatte vor seiner Begegnung mit Gott weder große theologische Werke gelesen noch war die Felsspalte, in der der Busch brannte, auf besondere Art ausgeleuchtet oder mit emotionalem Keyboardspiel geflutet. Mose kniete ohne großes Wissen mitten im Staub der Wüste.

Gott ist von unserem Glauben beeindruckt, nicht von unseren Taten. Wo der Glaube fehlt, ist er nicht zufrieden mit der Quantität unseres Wissens oder der Qualität unserer ästhetisch ausgefeilten Shows.

Ohne Glauben ist es unmöglich, ihm zu gefallen, denn wer sich Gott nähern möchte, muss glauben, dass er existiert und dass er diejenigen belohnt, die ihn suchen. Das Wunderbare ist jedoch, dass Gott nach uns sucht. Nicht wir erzeugen die Umgebung, in der Gott wirken kann. Gott überrascht uns. Jesus Christus hat das unvergleichliche Werk am Kreuz getan, um dies zu ermöglichen. Alles, was er erwartet, ist, dass wir an ihn glauben. Er wirbt um unser Vertrauen.

OHNE GLAUBEN IST ES UNMÖGLICH, GOTT ZU GEFALLEN.

Nachfolge ist das Eintauchen in dieses Geheimnis. Es ist ein Geheimnis, das wir nicht selbst lösen können. Aber zu unserem Glück lüftet der Träger des Geheimnisses, Gott selbst, den Vorhang ein Stück für uns. Indem Gott Mose – und damit uns – seinen Namen verrät, lässt er uns zugleich in sein Inneres schauen.

Das hat gigantische Auswirkungen! Im nächsten Kapitel werden wir sehen, dass Gott nicht nur sich selbst offenbart, sondern gleichzeitig Schluss macht mit unseren Ausreden und Unsicherheiten. Ein Leben mit Gott ist nämlich nie frei von Risiko. Aber ein Leben ohne Risiko ist auch eine ziemlich tragische Vorstellung.

Fatal wäre es, wenn wir uns selbst belügen und verstecken, anstatt uns mit unserer Geschichten und unseren krummen Lebenswegen von Gott gebrauchen zu lassen.

ECHT STATT PERFEKT

Krumme Lebenswege

Ich habe das Schreien der Israeliten gehört und ich habe gesehen, wie sie von den Ägyptern unterdrückt werden. Nun geh, denn ich sende dich zum Pharao. Du sollst mein Volk, die Israeliten, aus Ägypten führen.
2. Mose 3,9-10

Gott liebt es, unsere Schwäche und Zerbrochenheit zu gebrauchen, vielleicht hast du das schon in der einen oder anderen Bibelgeschichte oder Biografie entdeckt. Ich selbst predige gerne darüber, denn ich denke, dass dies in einer Welt, die so sehr auf Perfektion ausgelegt ist, eine beruhigende und tröstende Botschaft ist.

Aber wenn es um meine eigenen Qualifikationen geht, ist es fast immer eine unangenehme Überraschung, dass Gott meine Schwächen herausstellen will. Deshalb wünsche ich mir manchmal wie Mose, dass Gott einfach jemand anderen für den Auftrag auswählt.

Die ersten vierzig Jahre seines Lebens wohnte Mose an einem Ort der Stärke. Als Mitglied des königlichen Hofs hatte er soziales Ansehen, Reichtum und Macht. Als er sich der Unterdrückung seines Volkes bewusst wurde und sich darüber Sorgen machte, nutzte er seine jugendliche Kraft, um an einem der Unterdrücker Selbstjustiz zu üben. Das war nicht Gottes Plan für die Befreiung. Mose musste um sein Leben fliehen und endete als Viehzüchter auf den ruhigen Feldern von Midian, wo er die nächsten vierzig Jahre lebte.

So verbrachte er seine Jugend in einem Palast der Macht und sein mittleres Alter auf Weiden in friedlicher Dunkelheit. Dann stolperte er eines Tages über einen brennenden Busch und erhielt Gottes überraschenden Ruf für die letzten vierzig Jahre.

Für Gott war der krumme Lebensweg, den Mose mitbrachte, kein Hindernis. Gott nutzte Mose und seine Erfahrungen, um ihn auf seinem Weg zu gebrauchen. Viel mehr noch: Mose war der perfekte Kandidat für die große Aufgabe der Sklavenbefreiung. Denn Mose brachte nichts mit, um sich später selbst der Dinge zu rühmen, die Gott tun würde. Alles, was von diesem Tag an passieren sollte, klappte nur, weil Gott es so wollte. Gott rettete das Volk. Mose steuerte nur ein laues »Bitte schick einen anderen!« bei.

Herr, schick einen anderen

Alle Augen im Raum waren erwartungsvoll auf mich gerichtet. »Also? Was machen wir jetzt?« Ich fummelte an meinem Kugelschreiber herum und hoffte, dass man die Schweißperlen auf meiner Stirn nicht sehen konnte.

Ich hätte vieles tun können. Einen Vortrag über die Kirchengeschichte des Mittelalters halten zum Beispiel. Oder einen bibelkundlichen Aufriss des Markusevangeliums. Oder ein Referat über ein schönes Kommunikationsmodell oder die Rolle des Heiligen Geistes in der Trinität. Wenn es allerdings darum ging, eine Gemeinde wieder in richtiges Fahrwasser zu bringen, war ich überfragt. Doch genau das war nun meine Aufgabe.

Unsere Kirche hat die Angewohnheit, junge Pastoren in Gemeinden zu schicken, die – sagen wir mal – nicht gerade mit Bewerbungen von anderen Pastoren überschwemmt werden. Ich hatte versucht, mir in den ersten Wochen einen Überblick zu verschaffen. Wer hatte etwas zu sagen? Wer war mit wem verwandt (auf dem Dorf eine wichtige Frage)? Was ist in den letzten Jahren passiert? Mit welcher Vision hatte sich die Gemeinde bisher in welche Richtung entwickelt?

Nach den ersten Wochen in dieser Gemeinde kam mir ein Bibelvers in den Sinn: »Bitte schick doch einen anderen« (2. Mose 4,13).

Das ist die ängstliche Reaktion eines Menschen, der nicht nur fühlt, sondern weiß, dass er zu schwach ist, um das zu tun, was Gott ihm aufträgt. Als Mose vor Gott stand, fühlte er genau das. Eine Aufgabe, die viel zu groß war. Deshalb gab er eine Antwort ohne Glauben, die zugleich eine realistische Einschätzung der Wirklichkeit war: Mit seiner eigenen Stärke würde Mose den Auftrag nicht erfüllen können. Zittern war durchaus angebracht.

Als Pastor bin ich natürlich nicht als Einziger verantwortlich für den Weg der Gemeinde und ebenso wenig der Einzige, der Entscheidungen treffen soll. Aber mein Wort hat Gewicht. In den Vorstellungen, die ich während meines Studiums von meiner ersten Stelle als Pastor hatte, hatte natürlich alles viel einfacher ausgesehen: Mein Vorgänger in der Gemeinde hatte eine gottzentrierte und vom Evangelium durchtränkte Vision erarbeitet und die Gemeinde jahrelang darauf ausgerichtet. Die einzelnen Arbeitsbereiche und Teams arbeiteten selbstständig, um die Menschen im Ort mit der guten Nachricht zu erreichen. Ich hatte nur die Aufgabe, Predigtreihen zu entwickeln und mich in die Seelsorge zu vertiefen.

JE ÄLTER ICH WERDE, UMSO MEHR KOMME ICH MIT MEINEN SCHWÄCHEN UND EINSCHRÄNKUNGEN IN BERÜHRUNG.

In der Realität stand ich jedoch vor der Herausforderung, dass ich nicht einmal einen Haushaltsplan lesen konnte und gefühlt für jede Entscheidung eine Abstimmung, zwei Unterschriften und neununddreißig Rückfragen zu verarbeiten hatte. Dieser ganze Komplex erschwerte es mir, mutig voranzugehen. Alle Augen waren auf mich gerichtet und mehr als einmal hatte ich nicht von ungefähr das Gefühl, dass bestimmte Leute in der Gemeinde nur darauf warteten, dass der junge Pastor mit den schrägen Klamotten scheiterte.

Tatsächlich war meine Angst, zu versagen, inzwischen größer als in meiner Jugend. Je älter ich werde, umso mehr komme ich mit meinen Schwächen und Einschränkungen in Berührung. Dabei rührt mein Versagen als Pastor, Ehemann, Vater und Freund hauptsächlich von meinem Vertrauen auf meine eigenen Ideen und meine eigenen Fähigkeiten her. Bei meinen Ideen behalte ich die Kontrolle. Lasse ich mich ganz auf Gott ein, gehe ich jedoch jedes Mal das Wagnis ein, die Kontrolle zu verlieren. Die Angst, zu versagen, gründet sich in meinen Zweifeln an den Verheißungen Gottes. Dabei kann ich mich wenigstens ein bisschen an Mose orientieren, der auch lieber mit seinen Herden durch die stillen Hügel ziehen wollte, als Gottes Auftrag anzunehmen und das Volk aus Ägypten zu befreien.

Manchmal möchte ich ein paar einfache Worte an Gott richten. So etwas wie:»Herr, ich bin sicher, dass es deutlich qualifiziertere Leute gibt, die in dieser Situation xy tun könnten. Ich würde es wirklich vorziehen, einfach mit meinem Kaffee hier in der Küche sitzen zu bleiben.«

Mit anderen Worten: Ich finde mich in vielen Punkten wieder, die Mose in seinem Gespräch mit Gott anführt.

Der Klub der Unqualifizierten

Mose ist ziemlich gut darin, Gründe zu finden, warum er der Falsche ist, um die Befreiung des Volkes anzuführen. Er erlebt an diesem Tag vor dem brennenden Busch eine Seite der Nachfolge, die man am liebsten ausblenden möchte: Nachfolge beruft in Situationen, die weit außerhalb der Komfortzone liegen. Das liegt daran, dass man nicht mehr seinen eigenen Weg geht, sondern Gottes Weg. Was Mose vorbringt, sind die typischen Ausreden der Nachfolge, sobald es brenzlig wird.

Die Herausforderung der Berufung begegnet mir immer wieder, wenn ich mit Menschen über Nachfolge spreche. Meistens hat das damit zu tun, dass wir das Gefühl haben, zu einer bestimmten Aufgabe berufen zu werden und dann alle Fähigkeiten direkt mitbringen zu müssen. Das ist jedoch ein ganz weltliches Denken, denn Berufung ist keine Stellenanzeige. Es geht nicht darum, was du schon mitbringst, sondern allein darum, dass du Gott den Weg deines Lebens anvertraust. Wie sollte man auch sonst auf das Gefühl der eigenen Unzulänglichkeit reagieren?

Ich habe mit vielen Menschen gesprochen, die einfach nicht daran glauben, dass Gott jemanden wie sie gebrauchen kann. Sie kommen aus einer kaputten Familie. Sie haben zu viel Ballast aus ihrer Vergangenheit. Sie sind zu laut, zu schüchtern, zu ängstlich. Vielleicht wurde ihnen immer wieder gesagt, dass sie nicht schlau genug sind. Oder sie haben nicht die richtige Plattform, Netzwerke, Buchstaben vor ihrem Namen oder Diplome an ihrer Wand. Sie sündigen zu viel. Sie zweifeln an Gottes Bereitschaft, jemand so Schwaches zu benutzen. Sie sind für diese Aufgabe schlecht gerüstet. Sie sprechen kein Arabisch oder Albanisch. Sie haben das falsche Geschlecht, sind zu jung oder zu alt.

Wenn wir so denken, machen wir einen Fehler: Wir konzentrieren uns zu sehr auf uns selbst. Dabei sollten wir uns auf Gott und seine Pläne konzentrieren.

Gott beginnt Moses Berufung mit einem harten Wort. »Geh nach Hause, Mose. Kehr dorthin zurück, von wo du gekommen bist – wo du keine Ehre und keine Wertschätzung hast – um meine Arbeit zu tun. Geh dahin zurück, wo du nicht erwünscht bist. Geh zurück zu dem Volk, das du verlassen hast.«

Die Härte dieses Wortes ist beinahe mit Händen zu greifen. Es geht nicht darum, wie Mose sich in dieser Situation fühlt, sondern einzig darum, dass Gottes Plan zu seinem Ziel kommt. Doch so leicht gibt Mose sich nicht geschlagen. Er macht fünf Einwände:

1. Ich bin ein Niemand! (2. Mose 3,11)
2. Wer bist du überhaupt, dass du mich schickst? (Vers 13)
3. Die Menschen werden mir nicht glauben (2. Mose 4,1)
4. Ich habe nicht die Fähigkeit für diese Aufgabe (Vers 10)
5. Bitte schick einen anderen! (Vers 13)

Im Wesentlichen sagt Mose: »Du hast den falschen Mann. Ich gehe nicht.« Und streng genommen hat er damit recht.

Mose war ein Niemand: ein Ausländer, der als Hirte arbeitete. Nicht gerade der Held, den man sich wünscht, wenn es darum geht, vor den mächtigsten Herrscher der Welt zu treten, um die Freilassung von Gottes versklavtem Volk zu fordern. Keine Chance. Dazu kommt: Mose fehlte jegliche Fähigkeit, öffentlich zu sprechen (2. Mose 4,10). Vielleicht fehlte ihm das Selbstvertrauen: Seine Stimme zitterte und schwankte. Vielleicht hatte er eine Sprachbehinderung, ein Stottern oder Lispeln. Oder vielleicht hatte er nach vierzig Jahren in der Wüste vergessen, wie man die ägyptische Sprache richtig spricht. Was auch immer der Grund war, die Einwände von Mose hatten Gewicht. Trotzdem hatte Gott ihn als seinen Boten auserwählt. Es war ihm nämlich egal, was Mose mitbrachte. Das einzig Entscheidende war, dass Mose nicht alleine ging. Gott versprach ihm: »Ich werde mit dir sein« (2. Mose 3,12). »Du bist zwar ein Niemand, aber ich bin Gott. Und ich komme mit dir.«

Nachdem der Leitungskreis mich gefragt hatte, was wir tun sollten, war mir klar, was ich der Gemeinde mitteilen sollte: »Ich werde euch nicht die schlauen Konzepte und Ideen liefern, die man nur eins zu eins umsetzen muss, damit hier alles wie am Schnürchen läuft. Aber ich kann euch immer wieder auf Gott verweisen. Ich kann euch immer wieder daran erinnern, dass wir einem Gott dienen, dem nichts unmöglich ist.«

Mose erinnert uns in all seiner Schwäche und Zerbrechlichkeit daran, dass wir jemanden haben, der besser ist. Mose war unvollkommen. Wie wir. Am Sonntag darauf trat ich vor die Gemeinde und predigte genau darüber.

Wer sich für seine Berufung unqualifiziert fühlt, kann dem Klub der Unqualifizierten beitreten. Wenn deine Berufung keinen wirklichen Glauben erfordert, keine verzweifelte Abhängigkeit von Gott, um erfolgreich zu sein, dann ist es entweder nicht Gottes Berufung oder du hast sie noch nicht verstanden.

UNSERE SCHWÄCHE QUALIFIZIERT UNS ERST FÜR DIE MITARBEIT IM REICH GOTTES.

Seit diesem Erlebnis bete ich immer mehr: Gott, beruf mich zu etwas, das nur funktionieren kann, weil du dabei bist. Die Leute sollen es sehen, mit dem Kopf schütteln und sagen: »Okay, das kann er nun wirklich nicht alleine gemacht haben. Da muss Gott seine Finger mit im Spiel haben.«

Wenn Gott uns ruft, geht es nicht um uns. Es geht um ihn. Die Frage ist, ob wir bereit sind, zuzulassen, dass Gott unsere Schwäche nutzt, um zu zeigen, wie mächtig er ist. Unsere Schwäche qualifiziert uns erst für die Mitarbeit im Reich Gottes.

Qualifizierende Schwächen

Nachfolge ist ein Sammelbecken für qualifizierende Schwächen. Gott ruft uns niemals in irgendeine Verantwortung für das Reich Gottes, die wir alleine ausfüllen könnten. Es spielt keine Rolle, ob wir berufen sind, dem Pharao gegenüberzutreten oder unseren Nächsten genug zu lieben, um ihm das Evangelium mitzuteilen. Niemand kann tun, was nur Gott tun kann. Wenn wir nicht das Gefühl haben, dass wir mit der Aufgabe, die Gott uns gibt, komplett und hoffnungslos überfordert sind, haben wir den Kontakt zur Realität verloren.

Wenn es bei einer Aufgabe darum geht, Gottes Herrlichkeit zu zeigen, sein Reich voranzubringen und sein Wort zu verkünden, können wir nur unzureichend qualifiziert sein. Wir reden nämlich über Dinge, die übernatürlich sind.

Besteht die Gemeinde dagegen nur aus Kaffeekränzchen und uninspirierten Gottesdiensten sieht es anders aus. Das sind sehr natürliche Dinge. Und gerade deshalb haben Menschen oft das Gefühl, Gott in solchen Aktivitäten nicht anzutreffen. Es gibt nichts, wofür er notwendig ist. Wenn eine Vision von Gemeinde derart klein gehalten wird, dass es nur ums Teekochen und das Bezahlen von Rechnungen für Schönheitsreparaturen geht, kann Gott sich raushalten. Und genau das tut er dann auch meistens. Er will nicht seinen Segen zu unseren Plänen geben, sondern seine Pläne segnen. Er will, dass wir uns an ihn klammern, weil wir Aufgaben vor uns haben, die viele Nummern zu groß sind.

Für mich persönlich war eines der größten Zeichen für meine Schwäche schon immer Weinen. Das liegt an dem einfachen Grund, dass ich normalerweise so gut wie nie weine. Ich werde wütend, still, trotzig, aber ich weine nicht. Doch eines Abends begann ich, in der Leitungssitzung der Gemeinde zu weinen. Ich spürte, wie der Druck in mir anstieg. Meine Hände zitterten. Ich wusste mir nicht anders zu helfen und setzte mich auf meine Hände, damit es niemand merkte. Ich hörte nicht mehr, was im Raum geredet wurde. Und dann rollten die Tränen. Ich erzählte von meinen Gedanken im Krankenhaus und von der Hilflosigkeit, die ich oft verspüre.

Nicht jeder konnte damit umgehen. Im Nachhinein glaube ich, dass dieser Abend mit ausschlaggebend dafür war, dass ein Mitglied die Gemeindeleitung verlassen hat. Wir führten noch einige Gespräche unter vier Augen, bevor es dazu kam, aber im Grunde stand fest, dass diese Person nicht damit leben konnte, dass jemand in Leitungsfunktion offen Schwäche zeigte, denn sie selbst konnte das nicht.

Nachfolger machen jedoch immer wieder die Erfahrung, dass Schwächen eine notwendige Qualifikation für Diener Gottes sind. Der Grund dafür liegt klar auf der Hand: Sowohl uns als auch der zuschauenden Welt wird dadurch deutlich, dass wir nicht ausreichen. Nachfolger sind keine perfekten Leute, sondern Menschen mit einem krummen Lebenslauf. Sie sind damit Teil von Gottes Strategie, sich der Welt zu offenbaren. Durch unsere Schwächen, mehr als durch unsere Stärken, zeigt Gott, dass er existiert und diejenigen belohnt, die ihm vertrauen und ihn suchen. Nichts lehrt uns betende Abhängigkeit so sehr wie die Verzweiflung, die aus dem Auftrag kommt, das zu tun, was man ohne Gott nicht tun kann.

Nach meinen öffentlichen Tränen merkte ich, dass ich nicht nur mich, sondern auch Gott an diesem Abend besser kennenlernte.

GOTT IST NUR VON EINER EINZIGEN MENSCHLICHEN STÄRKE BEEINDRUCKT: DEM STARKEN GLAUBEN DER NACHFOLGE.

Gott machte mich durch meine Wunden und meine Offenheit zu einem besseren Leiter. Es war der erste Schritt zu einer Kultur, in der Gottes Stärke zentral ist. Indem ich meine Schwäche zuließ, wurde ich befreit. Denn auch wenn Menschen von einer ganzen Bandbreite menschlicher Stärken beeindruckt sind, ist Gott nur von einer einzigen menschlichen Stärke beeindruckt: dem starken Glauben der Nachfolge. Der Glaube ist die Abhängigkeit von Gottes Stärke. Je besser wir Gott kennenlernen, umso deutlicher wird dieser Zusammenhang.

TEIL 2:

BIN

Die Präsenz Gottes, deine Nähe zu ihm und seine Nähe zu dir, werden nicht alle deine Probleme lösen. Aber sie werden sie in die richtige Perspektive rücken.

So ging es mir auf dem Berg. Wir hatten die ersten Höhenmeter hinter uns gebracht. Der Trubel der Stadt und die Lautstärke des Alltags verschwanden langsam im Rascheln der Bäume und im Gezwitscher der Vögel. Zwar wurde das Gepäck nicht leichter, aber die Gedanken dafür schon. Meine Füße folgten dem Weg immer leichter.

Wir denken meist darüber nach, wohin wir gehen oder was wir tun. Gott ist aber viel mehr daran interessiert, was unterwegs aus uns wird. Wenn wir den Ort verlassen, an dem wir gestartet sind, sind das die ersten großen Schritte der Veränderung.

Nun geht es um das Sein vor Gott. Wo bist du? Wo bist du jetzt gerade mit deinen Gedanken? Mitten auf den Seiten oder doch woanders? Was lenkt dich immer wieder von Gott ab? Wohin schweifen deine Gedanken, wenn du eigentlich beten solltest? Was geht dir durch den Kopf, wenn du dir eigentlich vorgenommen hattest, in der Bibel zu lesen? Siehst du den Weg deines Lebens und deines Glaubens offen vor dir? Oder schaust du immer wieder in die Karte, weil du die Abzweigung nicht verpassen willst?

Auf einer Bergtour ist die Frage nach dem Weg einfach zu stellen. Es geht bergauf, bis man oben ist. Dann geht es irgendwann wieder runter. Der Fokus liegt klar in einer Richtung.

Abraham und Mose lebten mit so einem klaren Fokus. Sie sagten: »Wenn ich nur eines haben könnte, würde ich bei Gott sein wollen, in seiner Gegenwart, wissen, dass er immer bei mir ist.« Ob in guten oder in schlechten Zeiten, beide wussten, was sie am meisten brauchten: die Gegenwart Gottes in ihrer Nähe zu spüren, durch Gebet und Anbetung ganz nah bei ihm zu sein.

Dort sind wir auf der Hälfte unserer Reise nun auch angekommen.

DIE DRITTE NACHT – NACHFOLGE IST GEMEINSAMES HÖREN

Alleine bist du auf dem Berg verloren, besonders wenn du wie ich noch nie weiter als auf dreihundert Höhenmeter gestiegen bist. Schleswig-Holstein ist eben ziemlich flach. Bei meiner Auszeit auf dem Berg war ich nicht allein, wir waren als Gruppe von acht Pastoren unterwegs. Zwei kannte ich vorher schon, mit den anderen wuchsen wir in den wenigen Tagen zu einer engen Seilschaft zusammen.

Morgens suchten wir uns immer einen besonderen Ort mit Blick auf das Alpenpanorama und feierten eine Andacht. Wir beteten und sangen. Unsere Stimmen hallten von den Bergen wider. Für mich war dies das Krafttanken, bevor der Aufstieg begann. Ich hörte nicht nur meine Stimme, sondern eine Symphonie aus den verschiedensten Klangfarben und Tonarten, die durch das Alpenpanorama hallten. Wir waren nicht alleine. Wenn mir der Ton wegrutschte, hatte einer meiner Nachbarn ihn. Wenn andere beim Morgengebet für einen Moment die Augen schlossen und still wurden, betete ich für sie weiter.

Während des Aufstiegs redeten wir nicht viel miteinander. Jeder ging für sich voran. Erst an den verabredeten Treffpunkten saßen wir wieder zusammen. In den Bergen merkte ich, was mir gefehlt hatte. Gemeinsames Schweigen. Gemeinsames Erschaudern vor den massiven Ausprägungen der Schöpfung. Wir mussten den Tag über nicht viel reden. Es war ein gemeinsamer Weg. Wir hatten einen Startpunkt und ein Ziel. Als Gruppe waren wir stark. Alleine waren wir verloren. Gemeinsam waren wir eine kleine Kirche in der Wildnis, eine Gemeinschaft von Christen, die an diesem Ort als

Ausdruck der Autorität von Jesus lebte, indem sie sein Evangelium in der Ferne und in der Tiefe verbreitete. Mit Gebet, Gesang und Gemeinschaft.

Wenn wir in den Schluchten standen und über Stege wanderten, waren wir nicht allein. Wo wir hinkamen, kam Jesus mit uns. Wir trafen an diesem Ort in Raum und Zeit zusammen und machten Jesus in diesen unwirtlichen Grenzen bekannt. Je dunkler es wurde, umso deutlicher wurde, dass wir mit dem Licht der Liebe Gottes in die Finsternis hinausgingen. Dafür brauchten wir nicht viele Worte.

Vor allem ging es darum, dass wir lernten, zu hören. **NACHFOLGE IST IN ERSTER LINIE EIN HÖREN AUF GOTTES STIMME.** Nachfolge ist in erster Linie ein Hören auf Gottes Stimme.

Möglicherweise war dies in den Bergen einfacher, da es stiller war. Unser Alltag wird ständig mit so viel Lärm, Frequenzen und Stimmen bombardiert, dass es schwer werden kann, Gottes Stimme zu hören. Vielleicht war es auch die Gemeinschaft, die mir das Hören erleichterte, denn viele Dinge kann man sich nicht selbst sagen.

In der dritten Nacht wurde mir neu klar, dass es da draußen nicht nur eine Art der Dunkelheit gibt. Wenn wir unser eigenes Herz kennen, wissen wir auch, dass es hier drinnen dunkel wird. Das Gebet in der Gemeinschaft war für mich wie viele einzelne Lichter, die meine Dunkelheit erleuchteten, die ich mit in die Berge getragen hatte.

SAMUEL & DER SPRECHENDE GOTT

In der Nacht

Samuel schloss die Augen und atmete tief ein. Es war die Zeit der Nacht, in der alles still wurde. Das hatte er sich auch verdient. Der Dienst im Tempel war in den letzten Tagen trubelig gewesen. Viele Menschen, viele Opfer. Immer wieder war er hin und her gelaufen, war Eli zur Hand gegangen. Er hatte sich um die Opferpfannen und den Altar gekümmert.

Am Abend hatten seine Beine gebrannt. Da hatte er sich in das Allerheiligste zurückgezogen und sein Lager aufgeschlagen. Hier stand die Lade Gottes. So viele Geschichten hatte er über diesen goldenen Kasten mit den reichen Verzierungen gehört. Gott selbst hatte die Anweisungen zu seinem Bau gegeben. Samuel stockte jedes Mal der Atem, wenn er vor diesem gewaltigen Relikt stand. Er hätte gerne einmal mit den Fingern über das Gold gestrichen, um zu fühlen, was die Arbeiter aus seinem Volk vor so vielen Jahren gefühlt hatten, als sie die göttlichen Pläne ausgeführt hatten. Aber er wusste, dass er die Bundeslade nicht berühren durfte.

Noch einmal sog er die Luft tief in seine Lunge. Hier roch es immer ein wenig anders als im Rest des Heiligtums. Hinter dem Vorhang war er in einer anderen Welt. Wie in jeder Nacht. Er atmete aus. Hinter der Wand hörte er das tiefe Brummen. Eli schnarchte. Wie in jeder Nacht. Dann hörte er die Stimme. Eli rief ihn. Samuel musste einen Moment eingeschlafen sein. »Hier bin ich!«, rief er und stand schnell auf. Wenn Eli ihn brauchte, war er da. Eilig tastete er sich durch den Vorraum. »Hier bin ich«, sagte er noch einmal, als er an Elis Bett stand. Aber als Antwort hörte er nur das gleichmäßige Schnarchen seines Meisters.

»Eli?«, Samuel zögerte.

»Was denn?«, murmelte der alte Mann, der in den letzten Jahren fast vollständig erblindet war.

»Du hast mich gerufen.«

»Hab ich nicht, geh wieder schlafen.«

Samuel lag keine fünf Minuten auf seiner Matte, als Eli wieder seinen Namen rief. »Samuel!«

Am Fußende des Bettes angekommen, war Elis Reaktion ähnlich freudig wie beim ersten Mal. »Geh wieder ins Bett. Morgen ist viel zu tun.«

Erst als Samuel das dritte Mal am Fußende des Bettes stand, richtete Eli sich auf. Seine trüben Augen glänzten.

Wenn Propheten verschlafen

Mitten in der Bibel gibt es eine Geschichte von einem, der Gott verpennt. Das ermutigt mich. Denn ich habe oft das Gefühl, Gott zu verpennen.

Ganz ehrlich: Wenn es nach mir ginge, sollte das Leben nicht vor zehn Uhr morgens losgehen. Ein wenig ausschlafen, dann ein Becher Kaffee, der die Gnade Gottes ganz neu erfahrbar macht, und

erst danach gemächlich und mit einem Lächeln in den Tag starten –
das wäre genau das Richtige für mich.

Nun weiß ich allerdings aus 1. Mose 3, dass wir in einer gefallenen Welt leben. Und spätestens beim Blick in den Spiegel um kurz nach sechs Uhr wird dieses Faktum für mich ganz persönlich erfahrbar. Wenn dann noch das Telefon klingelt, kann es durchaus sein, dass ich nur die Hälfte des Gesprächs mitbekomme. Mit Gott geht es mir ganz ähnlich. Manchmal merke ich erst Tage später, dass Gott angeklopft hat. Wie gesagt, er rollt wahrscheinlich oft mit den Augen, wenn er an mich denkt. Mit anderen Worten: Ich brauche manchmal etwas länger. Aber damit bin ich nicht allein.

Samuel erging es genauso. Schon als kleiner Junge lebte er im Tempel in Silo, dem damaligen Zentrum der Anbetung Gottes. Ich liebe die Geschichte von Samuel, denn er ist ein besonderer Mann seiner Zeit. Er war Prophet, letzter Richter Israels und führte das Volk aus der Anarchie in die Monarchie. Später erinnerte er die Könige immer wieder daran, auf Gottes Gebot und seinen Willen zu hören. Die Bibel nennt ihn in einem Atemzug mit Mose und Aaron: »Mose und Aaron waren seine Priester, und auch Samuel rief seinen Namen an. Sie riefen zum Herrn um Hilfe, und er antwortete ihnen« (Psalm 99,6). Ein Mann, dem Gott Antwort gibt!

Wie kam es dazu? Wie wurde aus einem einfachen Jungen ein angesehener Mann in den Augen Gottes?

Damals lebte in Rama eine Frau mit Namen Hanna. Sie war mit Elkana verheiratet, doch sie hatte keine Kinder. Jedes Jahr reisten die beiden nach Silo zum Heiligtum, an dem Eli und seine Söhne dienten. Dort brachten sie Opfergaben dar, beteten und flehten zu Gott, er möge ihren Kinderwunsch erfüllen. Und Hannas Beständigkeit zahlte sich aus: Sie bekam fünf Kinder.

Ein wenig besonders ist allerdings das erste Kind, aufgrund der Situation, auf die Hanna sich einließ. Als Dank für das erhörte Gebet gab sie ihren ersten Sohn Samuel nach der Entwöhnung an Gott zurück. Der Junge lebte im Tempel, wuchs beim Priester Eli auf und machte quasi ab dem Kindergarten ein ewiges und unbezahltes Praktikum. Vermutlich hatte er einige Anfragen an die Art und Weise seiner Mutter, Dank auszudrücken. Aber mit seinem Dienst im Tempel war sein Weg geebnet. Er lebte im Heiligtum und erlebte Gott noch viel stärker als seine Mutter: Gott sprach zu ihm. Eines Nachts hörte er seinen eigenen Namen aus Gottes Mund. Von diesem Moment an veränderte sich sein Leben völlig.

EINES NACHTS HÖRTE SAMUEL SEINEN EIGENEN NAMEN AUS GOTTES MUND.

In den wenigen Versen der Bibel, die von dieser Begebenheit berichten, zeigt sich der Kern der »Hier bin ich«-Nachfolge: Zuerst hören wir auf Gott, dann antworten wir. Allzu oft passiert es andersherum.

EINE FRAGE DER REIHENFOLGE

Gottes Schweigen

Deshalb rief der Herr ihn ein drittes Mal, und wieder sprang Samuel auf und lief zu Eli. »Hier bin ich«, sagte er. »Du hast mich gerufen.« Da merkte Eli, dass es der Herr war, der den Jungen rief. Er sagte zu Samuel: »Geh und leg dich wieder hin, und wenn du wieder gerufen wirst, dann antworte: Sprich, Herr, dein Diener hört.« Also legte Samuel sich wieder an seinen Platz. Und der Herr trat zu ihm und rief wie zuvor: »Samuel! Samuel!« Samuel antwortete: »Sprich, dein Diener hört.«

1. Samuel 3,8-10

Wenn ein Blinder einem sagt, was man die ganze Zeit übersehen hat, zeugt das von einer gewissen göttlichen Ironie. Ich kann mir gut vorstellen, dass Eli für viele bereits zum alten Eisen gehörte – zumal er seine Söhne nicht im Griff hatte. Aber er hatte Samuel dennoch eine enorme Fähigkeit voraus: Eli war ein leidenschaftlicher Beter und Zuhörer. Ein Mann Gottes. Er kannte die Nachfolge, er wusste, wie Gott aus dem Herzen zu antworten ist.

Bestimmt war er aufgeregt, als er bemerkte, was da gerade mitten in der Nacht passierte. Er spürte dieses alte Kribbeln: Gott war zurück!

Eli gibt Samuel den Satz, den er sagen sollte, wenn er die Stimme noch einmal hören würde. Und dieser Satz ist am Ende nichts anderes als die Grundlage der Nachfolge. Es sind Worte, die Eli kannte, weil er sie im Herzen trug. Sie schwangen in seinen Gebeten mit – gesprochen oder unausgesprochen. Dieser eine Ratschlag – mitten in der Nacht mit halb geöffneten Augen gegeben und von einem verschlafenen jungen Mann gehört – veränderte das Leben von Samuel für alle Zeit.

»Hier bin ich. Sprich nur, ich höre. Ich will tun, was du sagst!«

Ich habe viel über Samuels simple Antwort nachgedacht. Vor allem weil sie so anders ist, wie ich oft bete oder wie ich andere in Gebetsgruppen beten höre. Da sind viele Worte, viele Bitten, viele Anliegen (allerdings auch viel Dank, das will ich nicht verschweigen). Ich kenne es von mir nicht anders. Meine Motivation, zu beten, steigt exponentiell, wenn ich das Gefühl habe, dass ich ein Anliegen habe, das Gott unbedingt hören muss.

Ich bin mir immer sicher gewesen, dass ich in eine Stadt gehöre: eine große Kirche, moderne Technik, Menschen in meinem Alter. Lange Bärte, Karohemden und Indie-Cafés. Was für manche wie ein Instagram-Albtraum wirkt, klang für mich nach dem Paradies. Also betete ich dafür. Ich betete richtig viel. Bestürmte Gott auf seinem Thron, dass er vielleicht dachte, da käme ein neuer Mose, der das Meer teilen muss. Dass Gott womöglich weiß, was besser für mich ist, kam in meinem Plan nicht vor. Auf dem Ohr war ich taub.

REDEN IST EINFACHER ALS ZUHÖREN.

Reden ist einfacher als zuhören. Das ist auch logisch, da es beim Reden in erster Linie um mich und meine Wünsche geht. Wenn es ein Thema gibt, bei dem ich mich wirklich gut auskenne, dann ist das mein eigenes Ich. Darüber kann ich stundenlang reden. Zuhören ist anstrengender. Immerhin muss ich verarbeiten, was mein Gegenüber mir mitteilt. Ich muss es sortieren und vielleicht reagieren.

Neben meinem Schreibtisch hängt ein Cartoon. Darauf ist ein Mann abgebildet, der auf den Altarstufen kniet und verzweifelt dreinschaut. Eine Hand hat er zum Himmel gereckt und in einer Sprechblase steht: »Gott, alles habe ich dir gesagt, ich bete und bete und bete und bekomme keine Antwort…«

Oben in der rechten Ecke ist eine weitere Sprechblase. Eine Stimme aus dem Himmel sagt: »Vielleicht solltest du einfach mal still sein und mich zu Wort kommen lassen.«

Ich muss immer grinsen, wenn ich mich oder andere bei einem ewig langen Gebet erwische. Versteh mich nicht falsch: Lange Gebete sind manches Mal enorm wichtig. Ich muss es wissen, denn meine Frau ist in einer charismatischen Gemeinde zum Glauben gekommen. In der Bibel sind die Psalmen ein geniales Beispiel für lange Gebete. Menschen schütten Gott ihr ganzes Herz aus. Und manchmal ist da richtig viel drin, das raus muss. Das dürfen wir nicht bloß, das sollen wir sogar. Aber dann ist es irgendwann Zeit, zu schweigen. Im Schweigen geben wir Gott Raum zum Antworten.

Gott schweigt, solange der Lärm zu groß ist. Solange es nur um mich geht, lasse ich keinen Raum für ihn.

Gottlosigkeit im Tempel

Das Problem der geistlichen Schwerhörigkeit ist kein Phänomen unserer Zeit. Auch die Bibel weiß davon zu berichten, zum Beispiel aus der Zeit von Eli und Samuel. Der eine war ein herzensgläubiger Mann, der in der Nachfolge lebte, der andere war ein Junge, der es von ihm lernen sollte. So weit, so gut. Aber der Tempel in Silo war damals ein Familienbetrieb. Und wie in vielen Familienbetrieben brachte das Probleme mit sich.

Elis Söhne Hofni und Pinchas ließen den Tempeldienst immer weiter ins Gottlose abrutschen. Sie stahlen Opfergaben, beschimpften und bedrohten die Menschen, die in den Tempel kamen, und führten die Tempelprostitution ein. Ihnen war ihr eigenes Wohlergehen wichtiger als Gott. Die Bibel beschreibt sie als boshafte Männer, die nicht nach Gott fragten (1. Samuel 2,12). Schlimmer noch: Sie wussten von Gott und ließen ihn links liegen. Da wundert es kaum, dass Gottes Wort selten geworden war. Wo sollte es auch sein, wenn sein Haus eine Räuberhöhle war? Niemand hörte es.

Für mich ist das eine beängstigende Vorstellung. Ich sehe das Heiligtum beinahe vor Augen. Da sind die alten und ehrwürdigen Mauern, aber im Innenraum ist alles tot. Da sind Menschen in den Gewändern der Priester, aber mehr als Stoff und Schmuck gibt es bei ihnen nicht zu sehen. Es riecht moderig, eine Staubschicht liegt auf allen Gegenständen. Immer wieder schreien Menschen und lassen sich von den Priestern Dinge aus der Hand reißen. Von Gottes Anwesenheit ist nichts mehr zu spüren. Alles gleicht einer leeren Hülle. Viel Schein, wenig Sein. Und rundherum laufen Menschen, die nach Gottes Wort hungern und nicht wissen, wo sie hingehen sollen. Noch mehr Angst macht da nur, dass es heute in weiten Kreisen unseres Christseins nicht viel anders aussieht.

In meinem Dienst als Pastor treffe ich mit gewisser Regelmäßigkeit auf Menschen, die genau vor diesem Problem stehen: Warum höre ich Gott nicht? Es sind Menschen aus allen Gruppen der Gesellschaft, die diese Frage stellen. Von dem mäßig Interessierten, der sich einfach mal erkundigen möchte, ob an dieser Sache mit Gott etwas dran ist, bis zu der Frau, von der alle wissen, dass sie immer gläubig war. Es ist, als wären ihre Ohren verstopft.

Unsere Kirchen machen es den Menschen dabei nicht immer einfach. Martin Luther und die Reformatoren haben gerne von einer sichtbaren und einer unsichtbaren Kirche gesprochen. Die sichtbare Kirche ist alles kirchliche, das wir mit unseren Augen sehen können. Ganz egal, ob es gut oder schlecht, richtig oder falsch, hilfreich oder nutzlos ist. Man könnte auch sagen: Es ist alles das, wo Kirche draufsteht. Im Gegensatz dazu zeigt uns die unsichtbare Kirche, dass nicht überall, wo Kirche draufsteht, auch Kirche drin ist.

Geistliche Leere

Ich bin jetzt mehr als die Hälfte meines Lebens Christ, aber ich werde nie meine erste Erfahrung in einer echten, biblisch fundierten und geisterfüllten Gemeinde vergessen. Ich war überrascht, dass die Leute es genossen, dort zu sein, dass sie den Text der Lieder kannten und dass sie über ihren Glauben sprachen, selbst wenn sie nicht in der Kirche waren. Ich sah Ehepartner, die einander liebten, Kinder, die respektvoll waren. Das hatte eine enorme Wirkung auf mich – ich war von der Kirche begeistert.

Aber wir alle wissen, dass das nicht immer so ist. Deshalb möchte ich zwei kleine Szenen beschreiben, die ich in den letzten fünf Jahren erlebt habe. Die Begebenheiten können ein wenig Licht auf das werfen, was um mich herum passierte.

1. Die Pastorin ohne Kreuz

Es gibt Situationen, die kann man sich nicht wirklich vorstellen, bevor sie passieren. Oder zumindest gibt es Situationen, die ich mir nicht vorstellen will. So habe ich nicht damit gerechnet, einmal mit einer weinenden Pastorin darüber diskutieren zu müssen, ob der Tod von Jesus am Kreuz notwendig gewesen ist oder nicht. Für die ersten Christen war diese Frage kein Thema, für die Kirche der letzten zwei Jahrtausende war diese Frage kein Thema und auch heute ist diese Frage in theologisch orthodoxen Kreisen kein Thema. Und dann gibt es mit einem Mal ein Gespräch, in dem dein Gegenüber unvermittelt zu weinen anfängt. Nicht weil der Tod von Jesus am Kreuz so emotional und unbezahlbar ist. Sondern aus Wut auf mich. Weil ich behauptet habe, dass ohne den stellvertretenden Kreuzestod unser Glaube wertlos sei.

Ich meine das nicht abwertend. Der Tod von Jesus am Kreuz ist eine brutale Angelegenheit. Eine Tatsache, die unser Denken mehr als nur übersteigt. Nicht umsonst wählt Paulus dafür die folgenden Worte:

> Ich weiß, wie unsinnig die Botschaft vom Kreuz in den Ohren derer klingt, die verloren gehen. Wir aber, die wir gerettet sind, erkennen in dieser Botschaft die Kraft Gottes. ...
> Gott hat eine Botschaft, die unsinnig erscheint, dazu benutzt, alle zu retten, die daran glauben. ...
> Wenn wir also Christus als den Gekreuzigten verkünden, sind die Juden entrüstet und die Griechen erklären es für Unsinn. ...
> Der scheinbar absurde Plan Gottes ist immer noch viel weiser als der weiseste Plan der Menschen.
>
> 1. Korinther 1,18. 21. 23.25

Die Erkenntnis hinter diesem Beispiel ist so wichtig wie einfach: Damit steht diese Pastorin nicht alleine da. Landauf, landab wird es immer mehr zum Mainstream, den Kreuzestod von Jesus als unnötig abzutun. Das, wofür Christen in anderen Ländern ihr Leben riskieren, wird bei uns leicht als archaische Aussage abgetan, die man ja nun wirklich nicht mehr zu glauben braucht. Sollte Gott etwa Blut nötig haben, damit er verzeihen kann? Sollte Gott nicht viel eher in seiner großen Liebe auch ohne dies bereit zum Verzeihen sein? Sollten wir uns nicht von diesen alten und überholten Bildern lösen?

Aber wem folgen wir dann nach? Dem Gekreuzigten und Auferstandenen? Oder einer netten eigenen Vorstellung von Gott?

2. Die Gemeinde als Dienstleisterin

In den letzten Jahren hat sich eine Leere in den Kirchen immer weiter ausgebreitet. Neben die klassische Gruppe der Menschen, die in der Gemeinde ein gemeinsames Leben suchen, Seelsorge erfahren, Gottesdienste feiern, Gemeinde aufbauen, Menschen einladen und

ihnen Jesus nahebringen, stehen auf der anderen Seite die Dienstleistungen. Immer mehr Menschen sind Mitglied einer Gemeinde,
weil es irgendwann einmal nützlich sein könnte. Kirchenmitglied-
schaft – gerade in der Landeskirche – kann dann schnell zu einer
Art Versicherung werden. Wer weiß, wann ich die Kirche einmal
brauche. Oder wie ich es letztens so schön gehört habe: »Männer
sollten erst nach der Hochzeit austreten, am Ende will die Frau noch
in Weiß heiraten.«

Gerade in den letzten Jahren haben wir da viel mitgespielt. Wir
haben uns damit zufriedengegeben, Menschen an bestimmten
Punkten ihres Lebens zu begleiten (Geburt eines Kindes, Konfir-
mation, Hochzeit oder Todesfall), anstatt sie im Auftrag von Jesus
in die Nachfolge zu rufen. Ich erinnere mich an Diskussionen mit
einem Pastor, der der Ansicht war:

- Wir sollten froh sein, dass wir Menschen an diesen wichtigen bio-
  grafischen Punkten begleiten können.
- Wir haben hier als Kirche immer noch die Chance, in bestimmte
  Situationen von Menschen zu sprechen.
- Die Gesellschaft hat sich gewandelt, Menschen nehmen uns punk-
  tuell wahr. Wir müssen uns also mit ihnen verändern.
- Und so weiter und sofort.

Am Ende ist das Augenwischerei. Menschen folgen Jesus nicht nach,
sondern wollen von der Kirche eine Dienstleistung. Und das wäre
okay, wenn die Kirche eine Dienstleisterin wäre. Ist sie aber nicht.
Die Kirche ist eine unsichtbare Realität, die sich in der sichtbaren
Realität in einzelnen Gemeinden ausdrückt. Gemeinden sind Orte,
an denen sich die von Gott zusammengerufenen Menschen versam-
meln, wo sie ihn anbeten und gemeinsam die Höhen und Tiefen
des Lebens bestehen.

Wir haben die Aufmerksamkeit und den Applaus, den Menschen uns für punktuelle Kontakte und Dienstleistungen geben, mit dem Dienst am Evangelium verwechselt. Ein nahes Schulterklopfen war wichtiger und angenehmer als die notwendige, aber oft schmerzhafte Rückkehr zum eigentlichen Kern des Gemeindeaufbaus.

Ich weiß, dass diese Worte hart klingen. Ich habe sie mehr als nur einmal neu formuliert. Aber am Ende bleibt auch in mir der Schmerz zurück. Auch jetzt spüre ich die Schmerzen dieser sichtbaren Kirche. Ich spüre den Schmerz, in den Zahnrädern der Kirchenpolitik zu stecken. Dazu kommen Leiter, die Mitglieder bei Entscheidungen im Regen stehen lassen, Freunde, die harte Worte sprechen, Mitglieder, die ihr Leben in Sünde ruinieren, und Gemeindeversammlungen, die fast wie eine Episode einer Realityshow aussehen.

Die Kirche war nicht immer angenehm. Aber während ich viele Menschen beobachtet habe, die die Kirche aufgeben und vor ihr wie vor einem langsam zusammenbrechenden Koloss fliehen, liebe ich die Kirche trotzdem noch immer. So sehr, dass wir als Familie beschlossen haben, alles dafür zu tun, um Gemeinden wenigstens punktuell wiederaufzubauen.

Wir sind gar nicht so weit von Samuel und seinen Erlebnissen im Tempel entfernt. Es macht sich in unseren Gemeinden immer wieder neu eine geistliche Leere breit. Diese Leere ist das genaue Gegenteil der Stille, in der wir Gott antreffen können. Wenn wir bei Abraham und Sara gelernt haben, dass Nachfolge Mut und einen Neuanfang braucht, und bei Mose gesehen haben, wie Gott sich uns offenbart und mit all unseren Schwächen arbeiten kann, dann zeigt Samuel uns, dass wir unsere Ohren wieder neu nach der Wahrheit ausrichten müssen.

Nachfolge braucht das Hören auf Gott im Hier und Jetzt. Dir wird es nicht anders gehen als Samuel vor so vielen tausend Jahren: Suche Gott. Höre von Gott. Empfange seine Vision im Hier und

Jetzt. Lass dich überwältigen. Lass dich davon gefangen nehmen. Lass dich mit jeder Faser deines Körpers in Brand stecken. Erzähle die Vision. Deute immer wieder auf Gott als Anfang und Ende von allem. Und sieh zu, wie Gottes Botschaft sich ausbreitet.

Das ist dein Vorrecht als hörender Nachfolger. Du trägst nicht ein selbst gebautes Gottesbild vor dir her, sondern dir offenbart sich der wahre und lebendige Gott.

Notwendige Stille

Es ist eine grundlegende Konstante in Gottes Wirken, dass er sich offenbart. Alles, was wir von Gott wissen, wissen wir, weil er es uns mitgeteilt hat. Ich weiß nichts über Gott, was er mich nicht wissen lassen möchte. Das bedeutet, dass unser Wissen über Gott nicht von Emotionen oder Gedankenspielen abhängig ist. Gott lässt nicht zu, dass unser Inneres seine Botschaft durcheinanderbringt. Er geht nicht die Gefahr ein, dass mein momentanes Drumherum seine ewige Wahrheit abschwächt.

Das klingt erst einmal einfach. Aber (wie so oft im Leben) ist eine kleine Hürde eingebaut. So erfahren wir in der Bibel etwas Wichtiges über die Zeit, in der Samuel aufwächst: »In der Zwischenzeit diente der junge Samuel dem Herrn, indem er Eli half. Damals waren Botschaften vom Herrn selten und Visionen kamen nicht häufig vor« (1. Samuel 3,1).

Die Menschen hatten lange nichts von Gott gehört. Sein Wort war selten geworden. Visionen gab es kaum noch. Mit diesen wenigen Worten wird das Gebiet abgesteckt, in dem Samuel sich bewegt. Gott redet nicht mehr mit uns!

Ich kann mir gut vorstellen, wie Samuel sich gefühlt hat, als er das zum ersten Mal gehört hat. Vielleicht hat Eli ihn irgendwann in einer ruhigen Stunde im Heiligtum zur Seite genommen und ihm erzählt, dass Gott früher zu den Menschen gesprochen hat. Er hat von der glorreichen alten Zeit erzählt, von Abraham und Mose – nur um Samuel dann zu sagen, dass die Zeiten sich geändert hatten. Gott war still geworden.

»Wie soll ich auf Gott hören, wenn er nicht redet?«, fragst du jetzt vielleicht. Zu Recht! Doch Gottes Schweigen kommt nicht von ungefähr.

Elis Söhne hatten in den Jahren zuvor nicht nur ihre eigene Beziehung zu Gott aufs Spiel gesetzt, sie hatten als offizielle Priester am Heiligtum Gottes auch viele andere Menschen von Gott abgebracht. Ihre Ausschweifungen und ihr Lebensstil hatten keinen Platz mehr für Gottes Stimme gelassen. Es ist also kein Zufall, dass Gott erst in der Stille der Nacht wieder zu sprechen begann. Die Stille war notwendig.

Ich höre oft von den Vorteilen der Stille in unserer lauten Welt. Viele Menschen – egal, ob religiös oder nicht – empfehlen, sich Zeit zu nehmen, weg von Fernsehen, Musik, Videos, Nachrichten und sozialen Medien, um in Stille zu sitzen und einfach nur zu sein. Es werden ganze Wochen und Einkehrtage angeboten, bei denen es nur darum geht, zu schweigen.

In der Stille liegt ein Reiz. Viele Menschen verbinden mit Stille, dass sie nichts hören und nichts denken. Aber wir können nicht einfach nichts denken. Selbst wenn wir denken, dass wir nichts denken, denken wir, dass wir nichts denken. So sind wir gestrickt.

Schlussendlich tauschen wir unsere Gedanken gegen etwas anderes ein. Wir füllen die Stille. Zuerst können wir unsere eigenen Gedanken hören. Meist ist es genau das, was passiert, wenn wir eine Zeit lang still sein wollen. Ich setze mich in einen Raum und anstelle von Stille höre ich einfach nur meine chaotischen Gedanken. Aus genau diesem Grund ist Stille für viele Menschen wenig attraktiv und muss gefüllt werden.

Viele – gerade östliche Wege – füllen die Stille mit einem anderen Wort. Mit Om oder einem Mantra. Am Ende bedeuten diese Worte nichts. Und genau das ist der Punkt. Sie sollen einfach nur die Stille füllen, damit die Gedanken ausgeschaltet sind. Aber diese Stille wird mich immer wieder nur zu mir selbst zurückführen.

Elis Söhne füllten die Stille – wenn es sie denn gab – mit allem Möglichen, bloß nicht mit dem einen, das in die Stille gehört – sie füllten die Stille nicht mit dem Einen, dem sie gehört. Schließlich können wir die Stille dazu nutzen, dem Wort Gottes zu dienen. Am eindrucksvollsten drückt das für mich Dietrich Bonhoeffer aus:

Wir schweigen am frühen Morgen des Tages, weil Gott das erste Wort haben soll, und wir schweigen vor dem Schlafengehen, weil Gott auch das letzte Wort gehört. Wir schweigen allein um des Wortes willen, also gerade nicht, um dem Wort Unehre zu tun, sondern um es recht zu ehren und aufzunehmen. Schweigen heißt schließlich nichts anderes, als auf Gottes Wort warten und von Gottes Wort gesegnet herkommen. ...

Es wird aber das Schweigen vor dem Wort sich auswirken auf den ganzen Tag. Haben wir vor dem Wort schweigen gelernt, so werden wir mit Schweigen und Reden auch am Tag haushalten lernen. Es gibt ein unerlaubtes, selbstgefälliges, ein hochmütiges, ein beleidigendes Schweigen. Schon daraus geht hervor, dass es niemals um das Schweigen an sich gehen kann. Das Schweigen des Christen ist hörendes Schweigen, demütiges Schweigen, das um der Demut willen auch jederzeit durchbrochen werden kann. Es ist das in Verbindung mit dem Wort. ...

Es liegt im Stillesein eine wunderbare Macht der Klärung, der Reinigung, der Sammlung auf das Wesentliche. Das ist schon eine rein profane Tatsache. Das Schweigen vor dem Wort aber führt zum rechten Hören und damit auch zum rechten Reden des Wortes Gottes zur rechten Stunde. Viel Unnötiges bleibt ungesagt.[1]

Gott wartet in seiner Stille auf Menschen, die ihm nachfolgen wollen. Samuel hatte ein hörendes Herz. Dennoch musste Gott ihn in dieser Situation testen. Er beauftragte Samuel damit, Eli die Nachricht zu überbringen, dass das Leben seiner Söhne auf das Ende zuging. Gott musste wissen: Traut Samuel mir so sehr, dass er Eli diese Nachricht überbringen wird?

Genau so ist es mit uns. Gott prüft unsere Einstellung. Er schaut in unser Herz. Wieder ist das Herz der Ort der Kommunikation mit Gott. Hier können wir ihn nicht nur hören, wir antworten ihm auch. Samuels Herz zeigte seinen Gehorsam.

Doch auch Samuel musste erst lernen: Gebet ist viel mehr als bloßes Sprechen. Gebet ist vor allem das Hören auf Gottes Wort. »Rede, denn dein Knecht hört.« Das ist nicht nur ein einfacher Satz. Es ist ein Lebensstil. Es ist Nachfolge. Von diesem Tag an sprach Gott regelmäßig zu Samuel. Und Samuel hörte zu. Er lernte Gott immer besser kennen. Er erfuhr nicht nur, worum sich sein eigenes Leben drehen sollte, sondern auch, was Gottes Plan mit seinem auserwählten Volk war. Samuel wurde zu einem respektierten Propheten, weil jeder wusste: Gott spricht zu Samuel und Samuel hört zu.

Nur durch das Hören im Hier und Jetzt können wir einem Gott nachfolgen, der spricht. Deshalb ist Nachfolge immer ein hörender Lebensstil. Samuel macht es vor. Nicht große eigene Worte stehen am Anfang der Nachfolge, sondern ein hörendes Herz. Ein Herz, das nach Gottes Stimme verlangt.

Gott spricht. Hören wir zu?

Eine Sache weiß ich ganz sicher: Gott spricht! Er sprach bei der Schöpfung am Anfang der Zeit. Sein Wort ließ die Welt entstehen. Dann nannte er sie gut. Er sprach zu Adam und Eva im Garten. In den nächsten Jahrhunderten suchte er sich immer wieder Menschen, denen er sich offenbarte. Er sprach zu ihnen und zeigte ihnen, wer er ist.

Wenn Gott spricht, geht es nicht um Small Talk. Wenn der lebendige Gott spricht, offenbart er sich. Er zeigt uns etwas von sich. Er will erkannt werden, denn nur so können wir ihm nachfolgen.

Deshalb blieb er nicht bei der ersten Nachricht stehen. Notfalls klopft er immer wieder an. Als die Gesetze, die Gott durch Mose gegeben hatte, in Vergessenheit gerieten, schickte er immer wieder seine Propheten zum Volk, warb um es, erinnerte es. Und am Ende sprach er durch Jesus zu uns (Hebräer 1,1-2).

Gott liebt es, zu seinen Menschen zu sprechen. Die Frage ist: Hören wir ihm zu? Und ist Gottes Stimme die lauteste in unserem Leben? Sollte sie das nämlich nicht sein, haben wir ein Problem. Wie können wir leben, wenn wir von der Quelle des Lebens abgeschnitten sind? Da hilft nur eins: Den Sender neu einstellen und die Lautstärke hochdrehen, damit die feine und leise Stimme immer lauter wird. Das kostet ein wenig Mühe. Eine Sprache zu lernen ist nie ganz einfach. Es dauert und braucht Beziehung. Aber genau das ist es, was Gott will.

IST GOTTES STIMME DIE LAUTESTE IN UNSEREM LEBEN?

Doch aufgepasst: Das ist nur die eine Hälfte der Rechnung. Bei einem »Hier bin ich«-Leben geht es nicht darum, Gott unsere Pläne vorzulegen und um seinen Segen zu bitten, sondern darum, Gott in unser Leben zu lassen, damit er uns *seine* Pläne vorlegt. Auf Gott zu hören ist der erste Schritt zu einem Leben, wie ich es hier beschreibe. So wird ein Monolog zu einem Dialog. Und letztlich ist es deutlich wichtiger, dass ich höre, was Gott zu sagen hat, als dass Gott hört, was ich zu sagen habe.

Zwei wichtige Grundlagen sind daher entscheidend.

Erstens: Wenn wir nicht bereit sind, in allen Lebensbereichen auf Gott zu hören, werden wir ihn irgendwann gar nicht mehr hören. Wenn wir seine ermunternde Stimme hören wollen, müssen wir auch seine ermahnende Stimme hören.

Unsere Gesellschaft hat es sich angewöhnt, Gott als kleinen Bonus mitzuführen. Ein kleiner Segen hier und da. Ein kleines Gebet um Hilfe, wenn es nicht mehr klappt. Aber bitte nichts, was einschränken könnte. Oder etwas, das mich auf Bereiche meines Lebens hinweist, in denen ich vom Weg abgekommen bin.

Das ist ein ziemlich schmaler Glaube. Gott hat mehr für dich. Mehr Verheißung und mehr Führung. Ich verstehe, dass du manchmal Angst vor dem hast, was Gott dir zu sagen hat. Das ist ganz natürlich. Mir geht es ebenso. Denn je näher Gott sich auf uns zubewegt, umso mehr Platz beansprucht er in unserem Leben. Bekommst du da schon ein wenig Gänsehaut? Gut, das schadet nicht. Denn wahrscheinlich brauchen die Bereiche deines Lebens, an die du gerade denkst, die liebevolle Stimme des göttlichen Vaters am nötigsten. In meinem Leben war es schon immer so: Die Bereiche, bei denen ich Gottes Wort am wenigsten hören wollte, brauchten sein Wort am nötigsten.

Zweitens: Das Hören geht vor.

Wir leben in einer Gesellschaft, in der jeder zu allem etwas zu sagen hat. Eine Gesellschaft, in der Menschen über Gott sprechen und ihre eigenen Bilder von Gott vor sich hertragen und ihn gar nicht wirklich kennen. Deshalb: Erst hören, dann reden.

Jakobus sagt das so: »Liebe Freunde, seid schnell bereit, zuzuhören, aber lasst euch Zeit, ehe ihr redet oder zornig werdet« (Jakobus 1,19).

Möge Gott uns Ohren zum Hören geben!

EIN ORT DES WORTES

Hörst du Gott zu?

Der Ablauf unseres lutherischen Gottesdienstes hat eine wunderbare Eigenheit. Beinahe alle gesprochenen Worte entstammen der Bibel: Wir haben den Wochenspruch am Anfang des Gottesdienstes, ein gemeinsames Psalmgebet, zwei Lesungen in der Mitte des Gottesdienstes (eine aus dem Alten Testament oder den Briefen und das Evangelium des Sonntags), oft einen weiteren Text als Grundlage der Predigt, dazu verschiedene Voten und zum Abschluss den Aaronitischen Segen. All das hört die Gemeinde.

In den ersten fünfzehnhundert Jahren des Bestehens der Kirche kannte man es kaum anders, die große Mehrheit der Christen hörte die Texte der Bibel, anstatt sie zu lesen. Woher sollte man als normaler Mensch auch eine Bibel haben? Geschweige denn lesen können?

Selbst nach dem Aufkommen von Gutenbergs Druckerpresse erreichten die Alphabetisierungsraten erst weit nach der industriellen Revolution eine kritische Masse. Das Lesen der Heiligen Schrift wurde also erst in den späten 1800er-Jahren zum Mainstream. In den Zeiten von Smartphones und E-Readern klingt das ein wenig schockierend, aber das Hören war lange Zeit der wichtigste – und oftmals einzige – Weg, um Informationen aufzunehmen.

Ich frage mich, ob wir etwas verloren haben, als wir aufhörten, zu hören. Zweifellos fehlte den frühen Christen etwas, weil sie den Text nicht selbst lesen konnten. Aber gibt es etwas, was die Alten über das Hören wussten, das wir heute vergessen haben?

Wenn ich zuhöre, fange ich meistens nicht sofort mit der Analyse an. Ich versuche nicht, den Text aufzuschlüsseln, weil ich ihn nicht sehen kann. Ich nehme ihn einfach auf. Ich tauche in die Worte des Sprechers ein im Vertrauen darauf, dass mein Herz rechtzeitig seine volle Bedeutung erfassen wird. Ich kümmere mich nicht um Details. Stattdessen lasse ich die weitreichenden Themen des Redners einfließen.

Die Kraft des Wortes Gottes liegt darin, dass es zu mir gesprochen wird. Immer wieder erleben Menschen, dass Gott sie anspricht. Nicht auf eine akustische Art und Weise, sondern durch sein Wort. Manchmal bekomme ich nach einem Gottesdienst eine E-Mail. Zum Beispiel von Simone: »Ich musste dir einfach schreiben. Ich hatte heute das Gefühl, dass Gott durch deine Worte zu mir gesprochen hat. Es war so, als wären diese Sätze genau für mich und meine Situation. Wie konntest du das wissen?«

Ich konnte es nicht wissen. Ich vertraue lediglich auf Gottes Wort, denn er weiß es. Deshalb bestehen wir darauf, dass in jedem unserer Gottesdienste vor allem Gott sprechen darf und nicht bloß meine netten Gedanken über dieses oder jenes Thema.

»Sag nicht, dass Gott schweigt, wenn deine Bibel zu ist.« – Ich weiß nicht, wer diesen Satz zuerst gesagt oder wo ich ihn gelesen habe, aber er lässt mich nicht los. Ich liebe es, ihn allen möglichen Menschen mit auf den Weg zu geben. So wie dir jetzt gerade. Diese zehn Worte tadeln unsere Angst, dass Gott in der Zerbrochenheit und Unordnung unseres Lebens untätig sein könnte, und erinnern uns daran, dass er sich sorgt, sieht und spricht. Aber allzu oft hören wir einfach nicht zu.

ICH VERTRAUE AUF GOTTES WORT.

Gott ist immer bereit, in unser Leben zu sprechen. Wir müssen einfach nur zuhören und unsere Ohren und Herzen auf das einstimmen, was er uns in seinem Buch zu sagen hat. Wenn wir die Bibel öffnen, finden wir knapp 740 000 Worte, die Gott selbst für uns gesprochen hat.

Wir bringen den Klang von Gottes Stimme in unserem Leben zum Schweigen, wenn wir unsere Bibel im Regal stehen lassen. Es ist, als würde ich mich beschweren, dass mich niemand anruft, wenn mein Telefon ausgeschaltet in der Schublade liegt.

Gott hat sein Wort gewählt, um zu uns zu sprechen. Das ist seine freie Entscheidung. Damit hat er einen Ort festgelegt, an dem er sich auf jeden Fall finden lässt. Das ist der Grund, warum seine Worte jeden Sonntag bei uns vorgelesen werden.

Die Worte Gottes über sich sprechen zu lassen, ist eine lebensspendende Praxis, die den Glauben vertiefen kann. Ich weiß, dass sie meinen Glauben vertieft hat. Jeden Sonntag neu.

Eine schwerhörige Kultur

Bevor du weiterliest, schließ bitte kurz die Augen und höre einfach nur auf deine Umgebung. Vielleicht hörst du ein Auto auf der Straße vor deinem Haus, das Brummen des Kühlschranks oder das Zwitschern der Vögel durch das geöffnete Fenster.

Mit einiger Wahrscheinlichkeit hörst du aber auch lautere Geräusche, denn du lebst in dem lautesten Zeitalter unserer Menschheitsgeschichte. Straßenlärm und Elektronik treffen im Dschungel der Städte aufeinander. Ein Großteil deines Alltags findet oberhalb der Grenze von fünfundsechzig Dezibel statt und dann wird es schnell unangenehm.

Der Komponist und Pädagoge Murray Schafer beschreibt unsere Kultur als Lo-Fi. In einer Lo-Fi-Kultur vermischen sich alle Geräusche zu einer lauten und undefinierbaren Pampe. Jedes unliebsame Geräusch wird mit einem lauteren übertönt. Wenn ich in die Straßenbahn steige, setze ich sofort meine Kopfhörer auf, um mit Musik das Rattern der Räder zu übertönen. Hört mein Nachbar zu laute

Musik, drehe ich die Regler meiner Anlage ein wenig weiter nach rechts. Selbst beim Schreiben trage ich gerade Kopfhörer, die durch eine spezielle Funktion die Geräusche der Umgebung ausblenden können, mit oder ohne Musik. Unsere Welt wird immer lauter.

In einer Hi-Fi-Kultur können Geräusche dagegen gut unterschieden werden. Der Ruf eines Vogels oder der Jagdbeute ist noch über einige Kilometer zu hören. Einzelne Geräusche und Töne heben sich klar vom Rest ab.

Viele Jahrhunderte lebten die Menschen Hi-Fi. Die Kirchenglocke tönte unverkennbar durch den Ort, weil sie die Quelle der lautesten Geräusche war. Heute geht die Glocke meiner kleinen Kirche leicht im Straßenlärm unter.

Gehen wir noch weiter zurück, wird dieses Missverhältnis noch deutlicher. Die Gottesdienste im Alten Israel waren laut und voller Lärm. Voll von heiligem Lärm. Der Gottesdienst war das akustische Zentrum, denn der Rest der Welt war ruhiger. Im Gottesdienst wurde gejubelt, getanzt, geschrien. Heute sind unsere Kirchen gerade dann einladend, wenn sie eine beruhigende Atmosphäre haben und einen Gegenpunkt setzen zur Kultur außerhalb ihrer Mauern. Und manchmal wird dadurch unser Glaube so still, dass wir verlernen, auf Gottes Stimme zu hören.

DIE GOTTESDIENSTE IM ALTEN ISRAEL WAREN LAUT UND VOLLER LÄRM.

Egal ob Hi-Fi oder Lo-Fi, am Ende geht es um das Hören. Ohne das Hören auf Gottes Stimme gibt es keinen Glauben. In unserer Kultur hat sich allerdings ein akustisches Schlachtfeld aufgebaut. Stimmen über Stimmen drängen auf uns ein. Da ist die Stimme unseres negativen Selbstbildes. Die Stimme der Kritik, die Stimme der Konformität, die Stimme der Kultur. Die Stimme der Verdammnis. Unser Feind wird in der Bibel nicht umsonst als Ankläger bezeichnet (Offenbarung 12,10)! Das wirksamste Werk, das der Teufel anrichten kann, ist, uns anzuklagen: vor Gott und vor uns selbst.

Der Teufel ist der Vater der Lüge (Johannes 8,44). Wenn wir auf seine Lügen hören, wird Gottes Stimme Stück für Stück leiser. Wie in einer Spirale drehen wir uns immer weiter und entfernen uns von Gott. Und wenn wir seine Stimme nicht mehr hören, wird die Welt um uns finster.

Für einen Christen ist es daher notwendig, eine Sache zu lernen: Wir müssen die leise Stimme Gottes vom Rest unserer lauten Kultur unterscheiden können. Das ist der Schlüssel zu unserem Leben mit ihm, denn Gottes Stimme entscheidet und verändert alles.

In seiner Stimme liegt Freude. In seiner Stimme liegen Heilung und Weisheit. In seiner Stimme liegen Gnade, Identität und Wahrheit.

Für seine Schöpfung nutzte Gott ein besonderes Werkzeug: seine Stimme. Er schuf mit Worten. Als wolle er sagen: »Schau mal, was ich mit nur drei Worten tun kann. Was meinst du, was passiert, wenn du in jedem Moment deines Alltags auf meine Stimme hörst?« Als er am Anfang der Zeit sagte: »Es werde Licht!«, dachte Gott schon an dich (Epheser 2,10).

Gottes Stimme schafft Realität. Und das ist es, was unsere schwerhörige Gesellschaft braucht: eine Generation von Menschen, die dem Gott vertrauen und auf den Gott hören, der mit seiner Stimme die Welt schuf und verändert. Dieses Konzept ist für uns zuerst fremd, denn unsere Stimme kann das nicht. Wir können singen, rufen, schweigen. Aber Gottes Stimme schafft.

Gottes Stimme lässt Wasser aus einem Felsen sprudeln. Gottes Stimme ruft Lazarus nach vier Tagen ins Leben zurück. Gottes Stimme lässt einen Feigenbaum verdorren. Gottes Stimme belebt die Muskeln und Sehnen in den Beinen eines Gelähmten.

Vielleicht reibst du dir gerade die Ohren und wunderst dich. Wo ist Gottes Stimme? Wenn du damit eine akustisch hörbare Stimme meinst, kann ich sagen: So höre ich sie auch nicht.

Gottes Fähigkeit, zu sprechen, ist nicht von unseren Ohren abhängig. Das ist die Hoffnung für unsere immer lauter werdende Kultur. Das ist die Hoffnung für unsere verstopften Ohren. Gott spricht zu unseren Herzen. Der, der das Herz geschaffen hat, kennt auch den Weg hinein.

Vor dreitausend Jahren hat Gott in der Stille der Nacht zu Samuel gesprochen. Er hat ihn beim Namen gerufen und auf einen neuen Weg gebracht. Heute tut er das ebenso mit dir und mit mir.

Gott schweigt nicht

Samuels »Hier bin ich«-Moment fand statt, als er etwa elf Jahre alt war. Er war ein Kind und der jüngste aller Menschen, von denen die Bibel berichtet, dass sie diesen Satz ausgesprochen haben.

Ich hatte mit elf Jahren Angst vor Luftballons, die Schatten warfen. Samuel und ich sind also ziemlich verschieden. Vielleicht verspürst auch du einen leichten Anflug von Überforderung. Mit Abraham in ein fremdes Land? Mit Samuel nachts auf Gott hören? Keine Angst. Gott ist gnädig mit dir.

Eine Sache, die ich an Gottes Gnade liebe, ist, dass sie jeden Morgen neu ist. Ich muss nicht von den Resten von gestern leben und möglichst noch hier und da etwas zusammenkratzen, damit es passt. Ich muss nicht betteln, mir von jemand anderem die Gnade ausleihen oder womöglich stehlen. Mit jedem neuen Tag gibt es neue Gnade.

Gott weiß, was mir heute begegnen wird, da er schon hier war. Er ist der Gott aller Zeiten. Er

GOTT WIRD VON UNSEREN PRÜFUNGEN NIEMALS ÜBERRASCHT.

wird von unseren Prüfungen niemals überrascht. Er ist immer auf seinem Posten, immer bereit. So kann ich aufstehen, den Schlaf aus meinen Augen wischen und mit Sicherheit wissen, dass ich genug

Gnade für alle Aufgaben haben werde, die er mir gibt, so herausfordernd sie auch erscheinen mögen, denn am Ende geht es um Sehnsucht und Hingabe.

Will ich ein hingebungsvoller Christ sein, bedeutet das, eine Sehnsucht nach Gott zu entwickeln. Es geht darum, eine Herzenshaltung wie Samuel anzunehmen und bereit zu sein, auf Gottes Wort zu hören. Dazu musst du einfach nur deine Bibel aufschlagen.

Das Hören muss nicht immer glattlaufen. Vielleicht verhörst du dich beim ersten oder zweiten Mal. Genau wie Samuel, als er Gottes Stimme mit Elis verwechselte. Vielleicht lässt du dich zu früh auf etwas ein oder irrst – trotz guter Absichten – eine Weile auf dem falschen Weg umher. Das Ziel ist und bleibt es, ein Ohr für Gott zu entwickeln, das durch den Lärm der Welt hindurchlauscht.

Stell dir vor, was Gott mit deinem »Hier bin ich« machen wird. Es gibt eine verletzte Welt da draußen, und Menschen um dich herum suchen nach Hoffnung. Wenn Gott dich bittet, aus deinem Schlaf aufzuwachen und deine Schwerhörigkeit abzulegen und mit gutem Beispiel voranzugehen, zögere nicht.

Das Wort zeigt den Weg

In unserer Gemeinde war nach einer Zeit der Bestandsaufnahme der Moment gekommen, genau diesen Weg wieder zu gehen. Zu lange hatte der Fokus auf den falschen Dingen gelegen. Wie Samuel sehnten wir uns danach, Gott mit neuen Ohren zu hören und seiner Stimme zu folgen. Der logische Weg war für uns, eine Zeit des Bibellesens zu starten. Wir wollten alles geben, damit ein Ort der Schwerhörigkeit zu einem Ort des Wortes werden konnte.

Ein erstes Team hatte sich bald zusammengefunden. Wir hatten ein einfaches Ziel: Wir wollten gemeinsam die gesamte Bibel lesen. Immerhin war eines klar: Gott spricht auf diesen Seiten zu uns.

Wir stehen immer wieder neu vor der Wahl. Entweder sind wir bereit, das Buch zu öffnen, und lassen ihn damit in unser Leben sprechen, oder wir lassen die Buchdeckel geschlossen und schmieden unsere eigenen Pläne. Da wir das Zweite alle bereits versucht hatten, war die erste Option die einzig wahre.

Es war von Woche zu Woche förmlich zu sehen, wie die Menschen in unserem Kreis in ihrem Glauben wuchsen. Wir atmeten von diesen Seiten und spürten, wie das Leben zurückkehrte. Natürlich gab es den einen oder anderen komischen Blick, wenn Menschen mit einem Mal ihren Freunden erzählen, dass sie sich in der Gemeinde trafen, um die komplette Bibel durchzulesen. Man bedenke, dass ich Pastor einer kleinen Dorfgemeinde im Norden Deutschlands bin. In einer bestimmten Generation ist bei uns die Frage »Oh, ist dir etwas Schlimmes passiert?« legitim, wenn jemand sagt, dass er am Sonntag in den Gottesdienst geht.

> **ES WAR VON WOCHE ZU WOCHE FÖRMLICH ZU SEHEN, WIE DIE MENSCHEN IN IHREM GLAUBEN WUCHSEN.**

Schließlich standen wir an einem Sonntag im Gottesdienst. Die letzte Seite der Bibel war gelesen. Manche hatten inzwischen schon wieder von vorne angefangen. Gottes Wort macht süchtig. Jeder aus unserem Kreis erzählte, was sich in der Begegnung mit Gottes Wort in seinem Leben verändert hatte. Wie die Gnade und Liebe Gottes neu erfahrbar geworden waren und wie wir gemeinsam im Glauben gewachsen waren. Damit war das erste Team geboren.

In einem zweiten Schritt starteten wir regelmäßige Glaubenskurse und Workshops. Nach und nach wurde eines immer deutlicher:

Gottes Wort ist da und verfügbar. Gott wartet mit offenen Armen und spricht neues Leben in alte Beziehungen. Leben begannen sich zu verändern. Alte Verletzungen, die Menschen in ihrem Glauben davongetragen hatten, wurden geheilt.

Ich war dabei, als sich zerstrittene Ehepaare wieder vertrugen und einen Neuanfang wagten. Zwei Schwestern machten nach Jahren des Streits und der Entfremdung wieder Schritte aufeinander zu. Ein Mann rief mich an, nachdem er mehrere Jahre nicht mit seinen Eltern gesprochen hatte. Er fragte mich, ob ich einen Weg sehen würde, den Kontakt wiederherzustellen.

An einem Sonntag merkte ich mit einem Mal, dass etwas sich verändert hatte. Die Stimmung im Gottesdienst war anders. Und es waren deutlich mehr Menschen da. Sie waren nicht nur aus unserem Ort gekommen. Die Menschen – manche alleine, manche gleich mit der ganzen Familie – hatten einen Ort gesucht, an dem Gottes Wort im Mittelpunkt stand. Nach und nach wurden taube Ohren hörend. Natürlich gefiel das nicht jedem. Immerhin hatte es das alte System lange genug gegeben. Menschen hatten sich in ihrer Taubheit ein Zuhause gemacht und fühlten sich irgendwie wohl damit. Immerhin kann ein Gott, den man nicht hörte, keine Ansprüche an einen stellen.

Nach und nach stellte sich heraus, dass geistliche Leitung ein Thema war, das noch einmal ganz neu aufgerollt werden musste (dazu später mehr). Aber in diesen Tagen waren wir erst einmal einfach nur glücklich in der Nähe Gottes. Die ersten Veränderungen waren geglückt.

Das Beste für mich war, dass all das nichts mit meinen Fähigkeiten zu tun hatte. Es hatte auch nichts mit dem Ort zu tun, wo wir lebten. Es lag alleine an Gottes Wort, das uns den Neuanfang geschenkt hatte und unsere Kirche wieder zu einem Ort des Wortes machte.

DIE VIERTE NACHT – NACHFOLGE IST GEHORSAM

Beim Wandern in den Alpen gibt es eine ganz simple Regel: Immer auf dem Weg bleiben. Ich hatte mir so etwas Ähnliches schon gedacht, bevor ich die Wanderung antrat. Selbst als Junge von der Küste war mir klar, dass ich im Gebirge besser nicht meinen eigenen Wegen folgen sollte. In der vierten Nacht unter dem Sternenhimmel zeigte mir Gott, was es bedeutet, auf seinem Weg zu bleiben.

Dazu muss man eines wissen: Ich neige zum Weglaufen. Mehr als eine Freundschaft ging kaputt, weil ich mich einer Konfrontation nicht stellen wollte und die Beziehung lieber einschlafen ließ. In meiner Jugend redete ich einmal mehrere Monate nicht mit meinem Vater – und wir wohnten unter einem Dach. In diesem Bereich hatte Gott schon in der Vergangenheit an mir gearbeitet. Doch nun ging es darum, mich ganz auf seinen Weg einzulassen.

Wenn ich früher über Nachfolge nachdachte, stellte ich mir immer die großen Fragen: Wie erkenne ich Gottes Willen in meinem Leben? Wie kann ich ihm in einer bestimmten Situation folgen?

Während meiner Zeit auf dem Berg wurde mir allerdings deutlich, dass diese Fragen über die Zukunft meine Nachfolge austricksen. Nachfolge und Gehorsam sind nämlich nur in der Gegenwart möglich.

Ich versuche hier nicht, übermäßig philosophisch zu sein – vielleicht wurde mir diese Sache einfach nur klar, weil ich auf dem Berg nicht über viel anderes nachdenken konnte. Ich wusste ja schon, wie die nächsten Tage aussehen würden: Rucksack tragen und wandern. Als ich in der vierten Nacht wieder in der Bibel Geschichten über Menschen und ihre »Hier bin ich«-Momente las, sprang mich ein Gedanke förmlich an: Es ist schlichtweg unmöglich, Gott in einem anderen Moment als der Gegenwart zu gehorchen. Die Vergangenheit ist geschehen und kann nicht geändert werden (obwohl sie Gott sei Dank vergeben werden kann). Die Zukunft ist nur erahnbar und Nachfolge ist erst dann in ihr möglich, wenn sie in die Gegenwart verwandelt wurde.

Samuel und Hananias aus Damaskus, um den es auf den nächsten Seiten geht, erlebten genau das. Ihre beiden Momente, in denen sie Gott gegenüberstanden, waren Momente der Entscheidung. Sie standen vor dem größten Glaubensmoment ihres Lebens und mussten sich ganz auf Gott verlassen. Und Gott forderte ihren ganzen Gehorsam.

Gehorsam. Viele lässt dieses Wort zusammenzucken. Manche denken vielleicht an blinden Gehorsam, der schon ganze Länder in den Abgrund geführt hat. Oder wir denken an die eigene Unzulänglichkeit. Wie soll ich meinem himmlischen Vater gehorchen, wenn ich es als Teenager nicht einmal hinbekommen habe, mit meinem irdischen Vater unter einem Dach zu leben?

WIR KÖNNEN GOTT IN UNSERER UNVOLLKOMMENHEIT GEFALLEN.

Der Gehorsam, den wir Gott anbieten, muss aber kein perfekter Gehorsam oder ein vollkommener Gehorsam sein, sondern aufrichtiger Gehorsam. Wir können in unserer Unvollkommenheit Gott gefallen, wenn wir aufrichtig sind. Er belohnt sogar unvollkommene Werke, entsprechend dem Reichtum seiner Gnade, weil er unser Vater ist.

Samuel und Hananias waren Menschen mit Fehlern, Ecken und Kanten. Alleine hätten sie es nie zu etwas gebracht. Nur weil sie sich Gott zur Verfügung gestellt haben, erinnern wir uns heute noch an ihre Namen.

Auch ich bin ein Mensch mit Fehlern und ich wusste, dass nach meinem Abstieg vom Berg die Herausforderung der Leitung auf mich warten würde. Ich hatte in der Gemeinde und in meinem Leben vieles einfach so laufen lassen. Ich war ein Leiter, der nicht geleitet hatte, aus dem einfachen Grund, weil ich Angst vor Konfrontation hatte. Weil ich lieber meinem Ausweg als Gottes Glaubensweg gefolgt war. Nun war es an der Zeit, damit Schluss zu machen. Ich musste aus meiner Komfortzone treten.

HANANIAS & DER EINFACHE GEHORSAM

Große Aufgaben

Die Schritte entfernten sich wieder. Die Leute atmeten aus. In den letzten Monaten hatte sie immer wieder länger die Luft anhalten müssen. Neben ihm flüsterte eine Stimme: »Sie sind weg.«

Jemand zündete die Öllampe an, während andere hinten im Raum beteten. Die rhythmische Sprache breitete sich aus und erfüllte nach und nach das Kellergewölbe. Um ihn herum schlossen sich die Augen. Stille breitete sich aus. Die Ruhe in seinem Herzen wurde größer.

Am nächsten Morgen ging er über den Markt. Viele bekannte Gesichter. Er kaufte für die Mahlzeiten ein. Seit seine Frau in Ketten abgeführt worden war … Einige grüßten ihn nicht mehr. Man sah ihn mit verstohlenen Blicken an.

Er nahm es hin. Was sollte er auch tun? Das waren geringe Kosten, wenn es darum ging, dem Weg zu folgen.

Am Abend sank er vor dem Fenster unter dem Dach auf die Knie. Er dachte an seine Familie, die beim Herrn war. Er betete zum Vater. Er betete, dass die Verfolgung aufhörte. Dass sie ihren Glauben in Frieden leben konnten. Er betete für Ruhe. Kein Wunsch war in den letzten Monaten größer geworden.

Er antwortete: »Hier bin ich, Herr.«

Wieder hörte er die Stimme: »Geh in die Straße, die ›Gerade‹ genannt wird, zum Haus von Judas. Dort frage nach Saulus von Tarsus. Er betet zu mir, und er hat in einer Vision gesehen, dass ein Mann mit Namen Hananias kommt und ihm die Hände auflegt, sodass er wieder sehen kann.«

Ein Niemand trifft auf Gott

Die wichtigste Person in der Apostelgeschichte ist mit Sicherheit der Heilige Geist. Direkt im Anschluss kommt Paulus. Auf einer Liste der zehn wichtigsten Personen in der Apostelgeschichte würden die meisten von uns Hananias aus Damaskus wahrscheinlich nicht aufführen. Er kommt nur in einem Kapitel vor (Apostelgeschichte 9) und wir erfahren kaum etwas über ihn. Und dennoch spielt er eine wichtige Rolle. Das Herausragende an ihm ist seine Bereitschaft, sich von Gott gebrauchen zu lassen. Um das zu verstehen, müssen wir einen Blick auf das Leben von Paulus werfen.

Paulus – am Anfang der Apostelgeschichte meist Saulus genannt – war ein aufstrebender Pharisäer und in der ganzen jüdischen Welt dafür bekannt, dass er die Menschen verfolgte, die Jesus nachfolgten. Er hatte einen regelrechten Hass auf sie entwickelt. Und damit wir gleich einen guten ersten Eindruck von ihm bekommen, wird Saulus das erste Mal bei der Steinigung des Stephanus erwähnt. Er trug die Mäntel der Steiniger und »hatte Gefallen an seinem Tod« (Apostelgeschichte 8,1). Mit diesem Tag setzte eine große Welle der Verfolgung ein. Saulus zog umher und ließ Christen verhaften und umbringen. Viele flohen oder zogen sich in den Untergrund zurück.

Aber Jerusalem reichte Saulus nicht. Er wollte seine Verfolgung weiter ausbreiten und zog mit offiziellen Schreiben und Männern ausgestattet nach Damaskus. Dort wollte er die Verfolgung noch größer machen. Er näherte sich der Stadt, als mit einem Mal ein helles Licht aufstrahlte. Saulus stürzte zu Boden und hörte eine dröhnende Stimme:

»Saul, Saul! Warum verfolgst du mich?«
»Wer bist du, Herr?«, fragte er.
Die Stimme antwortete: »Ich bin Jesus, den du verfolgst! Steh auf und geh in die Stadt; dort wirst du erfahren, was du tun sollst.«
Die Männer, die Saulus begleiteten, standen stumm vor Verwunderung da, denn sie hatten zwar die Stimme gehört, aber niemanden gesehen!
Apostelgeschichte 9,4-7

Als ob der Schock seiner lebensverändernden Begegnung mit Christus nicht schon verwirrend genug gewesen wäre, verlor Saulus auch noch sein Augenlicht. Drei Tage lang saß er in Damaskus, blind und unsicher, was ihn erwartete. Dann betrat Hananias die Szene.

Ich kann mir kaum vorstellen, was Hananias durch den Kopf gegangen ist, als er nach seinem »Hier bin ich« Gottes Auftrag an ihn hörte: Er sollte zu Saulus gehen und für ihn beten.

Für den einen oder anderen mag es schon eine Herausforderung sein, einen fremden Menschen zum Gebet einzuladen. Wenn dieser Mensch allerdings dafür bekannt ist, dass er Christen hasst und umbringen lässt, steigt die Nervosität auf ein ganz anderes Level.

Nachfolge treibt uns aus unserer Komfortzone heraus. Aufgaben, die viel zu groß sind und Angst machen, stehen mit einem Mal auf der Tagesordnung. Nicht weil Hananias, ich oder du dazu in der Lage wären. Nein. Sondern weil Gott uns aus der Sicherheit ruft und in seinen Dienst nimmt. Wenn ich mit anderen über diesen Teil der

Nachfolge spreche, nimmt die Unterhaltung normalerweise einen von zwei Verläufen.

Zuerst geht es darum, dass das eine ganz schön große Herausforderung ist. Meine Gesprächspartner malen sich die schlimmsten Varianten aus, was ihnen nun bevorstehen könnte. Von: »Was mache ich, wenn Gott mich auffordert, in ein fremdes Land zu gehen?« bis »Was mache ich, wenn Gott mich auffordert, mit meinem Nachbarn über den Glauben zu reden?«. Beides kann Menschen nervös machen, je nachdem, wie eng die Komfortzone gesteckt ist.

Später geht es meist um eine ganz andere Erfahrung, nämlich dann, wenn Menschen sich bereits ausprobiert haben. Wenn sie mutig einige Schritte gegangen sind und ihre Komfortzone für einen Moment verlassen haben. Zuerst vielleicht nur mit einem Fuß, um zu testen, wie es sich anfühlt. Wenn der Himmel nicht eingestürzt ist, war dann sogar noch ein weiterer Schritt möglich. Nach und nach machen Menschen und Gemeinden nämlich die Erfahrung: Ihre Wege zahlen sich aus. Mehr noch: Sie strahlen aus. Jeder Schritt außerhalb der Komfortzone wird zu einem kleinen Leuchtturm des Glaubens. Die Menschen um sie herum sehen, dass bei ihnen mehr ist als ein normales Leben. Sie werden neugierig. Sie stellen Fragen. Sie bekommen die Möglichkeit, Gott kennenzulernen.

Alles das folgt einem ersten Schritt des Gehorsams.

Gute Geschichten

Ich liebe gute Geschichten, egal, ob in Büchern, Filmen, Serien oder im Leben selbst. In einer gut erzählten Geschichte kann ich mich stundenlang verlieren. Als Kinder haben meine Freunde und ich uns abends beim Übernachten die verrücktesten Geschichten erzählt. Meistens ging es vor allem darum, den anderen zu übertrumpfen.

Die eigene Geschichte musste noch verrückter, noch unglaublicher sein als die vorherige.

Deine Geschichte wird keine Geschichte schreiben

Die Realität ist, dass die meisten unserer Geschichten nicht in den Geschichtsbüchern landen werden. Nach unserem Tod wird der größte Teil unserer persönlichen Geschichte mit uns sterben, vergessen bis auf ein paar Bilder oder Erinnerungen, die unsere engsten Lieben in ihren Alben oder in der Cloud aufbewahren. Die Chancen, dass deine Lebensleistungen in einer Biografie erhalten bleiben, sind ziemlich gering.

Entmutigend? Das sollte es nicht sein. Hananias hat sich wahrscheinlich auch keine Gedanken darüber gemacht, wie sein Andenken bewahrt werden würde. Und am Ende hat er es in die Bibel geschafft. Wenn du ein Kind Gottes bist, bist du in eine viel größere Geschichte eingeladen. Besser als alles Beeindruckende, das du in diesem Leben erreichen kannst, ist: Deine Lebensgeschichte ist eine Biografie der Gnade, die von einem anderen geschrieben wurde.

Die Handschrift der Gnade zieht sich durch diese Geschichte hindurch wie ein roter Faden. Jede Wendung der Handlung ist für das Beste gedacht. Jede Wendung, die Gott in deine Geschichte schreibt, ist zielführend. Jede neue Figur und jedes unerwartete Ereignis ist ein Werkzeug für den Weg, den Gott sich überlegt hat. Jedes neue Kapitel bringt Gottes Zweck voran. Und das Beste ist, dass diese Geschichte kein Ende hat.

Die beste Geschichte hört nie auf

Die meisten großen Geschichten sind beeindruckend, weil sie uns durch die Charaktere, Beziehungen, Situationen und Schauplätze mit auf eine unglaubliche Reise nehmen. Von der ersten Szene an sind wir mitten im Geschehen und fiebern auf das Ende hin, das hoffentlich alle Konflikte auflösen wird. Die große Geschichte Gottes mit uns hingegen ist die beste Geschichte, gerade weil sie kein Ende hat.

Die eine Geschichte, die wir alle kennen, verstehen und an die wir unser Herz hingeben müssen, ist hoffnungsvoll, ermutigend und lebensverändernd, weil sie uns die beiden wunderbaren Dinge bietet, die keine andere Geschichte bieten kann.

Erstens bietet sie uns einen Platz in der Geschichte, einen Platz, der für uns geplant wurde, lange bevor die Geschichte geschrieben wurde. Aber sie bietet auch etwas, das für das menschliche Gehirn schwer zu erfassen und für die menschliche Vorstellungskraft schwer vorstellbar ist: Sie bietet uns ein Leben, das niemals endet.

Wir haben uns so sehr an den Tod gewöhnt, dass wir ihn als normalen Teil des Lebens betrachten. Dinge sterben, Menschen sterben – Ende. Aber das ist nicht das Ende der Geschichte Gottes. Gottes erstaunliche Geschichte der Erlösung, die sich auf den Seiten der Bibel findet, ist radikal anders. In Gottes Geschichte stirbt der Tod.

Der Held aus Gottes Geschichte kommt in unsere Welt und besiegt den Tod. Damit ist uns alles aus der Hand genommen. Ich bin weder der Autor meiner Geschichte noch der Held. Ich darf Teil der Geschichte sein, aber den Preis bezahlt ein anderer.

Der Preis für meine Aufnahme in diese Geschichte ist das Leiden und der Tod von Jesus Christus. Er hat den Tod besiegt, damit er aus Gnade seine Geschichte in meinem Leben etablieren kann. Heute regiert er in unserem Namen und wird dies auch weiterhin tun, bis der letzte Feind besiegt ist.

Dann wird er dich und mich in das letzte Kapitel rufen – ein Kapitel, das niemals endet – wo Frieden und Gerechtigkeit für immer und ewig herrschen werden. Das ist die Geschichte unseres Glaubens und unseres Lebens. Die Geschichte dieses erlösenden, ewigen Plans ist jetzt unsere Biografie.

Hananias zeigt uns, dass es bei unserer Geschichte nicht um uns selbst geht. Es geht nicht darum, der Held zu sein, alle Antworten zu wissen oder am Ende das Königreich zu retten. Es geht alleine darum, dem Autor und Helden der Geschichte nachzufolgen und den Fokus dabei ganz auf ihn auszurichten. Denn nur daraus wächst Segen.

Hananias zeigt uns, dass Gott die Menschen, die von außen als klein und unbedeutend wahrgenommen werden, mindestens genauso liebt und für seinen Plan nutzt wie die großen Helden David, Salomo, Ester und Paulus.

DIE PRIORITÄT DES GEHORSAMS

Im Kleinen wie im Großen

Ich habe die Antwort, die Hananias Gott gibt, immer geliebt. Er fällt in diese kleine Falle und vergisst für einen Moment, mit wem er da gerade redet. Ich kann mir richtig vorstellen, wie er ein wenig stottert, dann den Finger hebt und Gott daran erinnern will, wer dieser Saulus ist. Vielleicht mit diesen Worten: »Äh, Gott? Weißt du, ich habe da einiges über diesen Mann gehört. Der verfolgt uns. Der lässt Christen ins Gefängnis werfen und foltern. Hier in Damaskus hat er die Erlaubnis der Hohen Priester, alle zu verhaften, die an dich glauben. Ich sollte da nicht hingehen!«

Hananias zeigt Schwäche. Er hat kein unerschütterliches Vertrauen in Gott. Tatsächlich erinnert er mich – an mich! Ich vermute, ich hätte Gott dasselbe gesagt. Nur für den Fall, dass er irgendwie ein kleines Detail vergessen hätte. Manchmal verfalle ich in diesen Modus, dass ich Gott lieber noch einmal an etwas erinnern will, das er übersehen haben könnte. Immerhin müsste *ich* das ja ausbaden.

ES SIND DIE KLEINEN DINGE, DIE ENTSCHEIDEND SIND.

Hananias hat erlebt, dass Nachfolge ein Weg des Wachstums ist. Er war Gott treu. Zuerst im Kleinen. Er wurde Christ und schloss sich einer Gemeinde an. Damals ein ungewöhnlicher Schritt – immerhin war das Christentum eine neue Religion. Dann kam die Verfolgung hinzu. Hananias blieb weiter treu. Er vertraute Gott. Er betete mit der Gemeinde, unterstützte sie.

Es sind die kleinen Dinge, die entscheidend sind. Gott mutet uns die großen Schritte der Nachfolge erst nach und nach zu. Er sieht unser Wachstum mit den liebenden Augen eines Vaters an.

Er stellt uns nicht die größte Herausforderung am ersten Tag der gemeinsamen Wanderung in den Weg.

Ich habe einige Freunde, die sofort in die große Stadt gezogen sind, um »Reich Gottes zu bauen« – so nennen sie es immer. Ich habe andere Freunde, die von Konferenz zu Konferenz jetten, um nah am relevanten Geschehen und den neusten Trends zu sein. Ich meine das nicht negativ. Aber es ist nicht mein Ort. Ich erlebe Gottes Gnade gerade in der ruhigen Begegnung mit einem Menschen, den sonst niemand gesehen hätte. Im Gebet mit einer Frau, die seit Jahren stumm ist. Im Gespräch mit dem Mann, der gerade seine Frau verloren hat und dem niemand zuhören will.

Ich habe immer vom Großen geträumt. Städte, große Hallen und laute Musik. Natürlich ist das für mich etwas ganz anderes als meine kleine Dorfkirche (in die ich – zugegeben – schon eine Leinwand gebaut habe). Und es wäre gelogen, wenn ich nicht sagen würde, dass ich schon interessante Angebote bekommen habe. Aber das ist jetzt nicht dran. Ich werde hier gebraucht. Ich bin als Pastor in diese Gemeinde gerufen. Mit allem, was dazugehört. Würde ich mich jetzt von hier wegbewegen, nur weil ich vielleicht die eine oder andere monotone Aufgabe nicht mehr machen möchte oder statt der Begleitung leidender Menschen lieber fancy Predigten auf großen Bühnen mit Lichtshow halten würde, würde ich den Ort verlassen, an den Gott mich gestellt hat. Treue und Gehorsam fangen im Kleinen an. Nur daraus wird Gott auf Dauer Wachstum entstehen lassen.

Ist mein Weg hier zu Ende? Ich weiß es nicht. Was ich allerdings weiß, ist, dass ich auf Gottes Ruf warten werde, wenn sich etwas verändern soll. Gott ist noch nicht fertig mit mir. Er wird es nie sein. Und vor allem weiß er, wer ich bin und wann ich für eine Veränderung bereit bin.

Gott wusste genau, wer Saulus war. Und er gab Hananias die Gewissheit, dass er immer noch die Kontrolle hatte. Er verriet ihm, dass er diesen Mann dazu benutzen würde, unglaubliche Dinge für sein Königreich zu tun. Saulus, das Oberhaupt der Sünder, der Verfolger der Kirche, war Gottes auserwähltes Mittel, um das Evangelium zu Groß und Klein, Juden und Heiden gleichermaßen zu bringen.

Hananias war gehorsam. Obwohl er zunächst dachte, er müsse Gott korrigieren, unterwarf er sich und sein Leben schließlich dem Ruf Gottes. Sein kleiner Akt des Gehorsams führte zu einer großen Ernte für das Reich Gottes.

Wie würde ich mich fühlen, wenn ich aus eigenem Antrieb meinen von Gott zugewiesenen Ort verlassen würde, kurz bevor mein nächster großer Schritt in der Nachfolge kommt? Ein »Hier bin ich«-Lebensstil ist immer offen für Veränderungen und Herausforderungen, da er fest in Gottes Treue verankert ist.

Was wäre, wenn Hananias eine Woche zuvor Damaskus verlassen hätte, aus Angst, weil Paulus unterwegs war?

Die Lektion des Hananias, die ich auf mein Leben angewandt habe, ist folgende: Kleine Gehorsamshandlungen, die auf dem Wort Gottes beruhen, können große Bedeutung haben. Unsere Perspektive ist so klein, so begrenzt. Gottes Perspektive ist weit, sie nimmt die ganze Geschichte mit einem einzigen Blick auf. Wir müssen uns auf ihn verlassen, auf sein Wort, auf seine Stimme, im Vertrauen darauf, dass er uns nicht in die Irre führt.

Generationsübergreifender Gehorsam

Die oberste Priorität eines Nachfolgers ist das Festhalten an Gott und das Dienen in kleinen Momenten der Nächstenliebe. Nirgendwo erlebe ich das stärker als bei den Senioren.

Zu meinem Dienst als Pastor gehört unter anderem die Betreuung von zwei Altenheimen. Ich halte dort regelmäßig Gottesdienste, besuche Menschen und stehe für Seelsorge und Gebet bereit. Ein Erlebnis hat mich wie kaum ein zweites fasziniert. Es geschah, kurz nachdem ich aus dem Krankenhaus entlassen worden war. Ich war für meinen monatlichen Gottesdienst im Heim und predigte über eine Stelle aus dem Buch Jesaja:

> Doch Zion sagt: »Der Herr hat mich verlassen; der Herr hat mich vergessen.«
> »Kann eine Mutter etwa ihren Säugling vergessen? Fühlt sie etwa nicht mit dem Kind, das sie geboren hat? Selbst wenn sie es vergessen würde, vergesse ich dich nicht! Sieh, ich habe dich in meine Handflächen gezeichnet.«
> Jesaja 49,14-16

Ich liebe diese Worte des Propheten! Mit Zion ist die Stadt Jerusalem gemeint, die gebeutelt und schwer angeschlagen war. Die Menschen jammerten und suchten Gott. Jesaja erinnerte sie in dieser Situation daran, dass Gott sie trotz allem nicht vergessen hatte. Ich dachte: »Wo könnte dieser Text über das Vergessen und Gottes Treue besser passen als in einem Altenheim?«

Bei meiner Predigt bat ich die Männer und Frauen vor mir, ihre Hände anzuschauen. Sie sollten die Linien verfolgen. Tiefe Furchen von der Zeit gezeichnet. Es waren Hände, die gearbeitet hatten. Hände, die Kinder gewickelt und ihnen über den Kopf gestreichelt hatten. Hände, die Tränen abgewischt hatten. Hände, die ganze Familien versorgt hatten. Und nun lagen viele dieser Hände den ganzen Tag im Schoß. Sie zitterten und griffen oft daneben.

In diese Situation sprach ich Gottes Botschaft: Selbst wenn wir vieles vergessen und uns manchmal nicht einmal an unsere eigene Geschichte erinnern können, ist Gott dennoch da. Er ist da, erinnert sich und ist bei uns.

In diesem Moment ergriff eine Frau in der ersten Reihe die Hand ihrer Nachbarin. Die beiden hielten sich an den Händen, schauten sich an und eine sagte zur anderen: »Gott ist da. Er ist immer bei uns. Er lässt uns nicht alleine.«

Für einen Moment fehlten mir die Worte. Ich war zwar aus dem Krankenhaus entlassen worden, aber immer noch ordentlich angeschlagen. Ich rang mit Gott. Und dann waren da mit einem Mal zwei Frauen, die aus einem so tiefen Glauben sprachen, wie ich ihn mir in diesen letzten Monaten immer gewünscht hatte.

Ich spürte in diesem Moment deutlich: Gott sagte diese Worte zu mir. »Ich bin da. Ich bin immer bei dir. Ich lasse dich nicht alleine.« Ohne es zu wissen, sprach diese Frau in der ersten Reihe ein Wort der Ermutigung zu mir.

Ein paar Tage später besuchte ich die Frau aus der ersten Reihe in ihrem Zimmer im Altenheim. Ihre Worte hatten mir keine Ruhe gelassen. Sie lag ausgestreckt im Bett, die Decke halb über den Körper gelegt. Sie trug einen gestrickten Pullover und hatte die Haare frisch von einem Friseur legen lassen. Wir redeten einige Zeit über dieses und jenes. Dann sagte

»ICH BIN DA. ICH BIN IMMER BEI DIR. ICH LASSE DICH NICHT ALLEINE.«

sie: »Ich bete jeden Abend. Seit über achtzig Jahren. Nicht einen Tag habe ich ausgelassen. Ich bete für meine Familie. Für Menschen, denen ich begegne. Heute Abend bete ich für Sie.«

Sie erzählte mir von ihren Kindern, die nie zum Glauben gekommen waren, und fügte hinzu: »Ich hoffe und bete trotzdem für sie. Jeden Abend. Vielleicht öffnet Gott irgendwann ihr Herz.« Und sie erzählte, dass sie für einen baldigen Tod betete. Um dann ganz bei Gott zu sein. Aber sie vertraute ihm, dass er den Zeitpunkt für sie kennt.

Als ich das Zimmer nach einer Stunde wieder verließ, hatte sich einiges in meinem Inneren verändert. Ich spürte, dass diese zerbrechliche Frau in ihrem Bett viel stärker war als ich. Sie stand mit einem derart großen Vertrauen vor ihrem Schöpfer und Erlöser, dass sie mir ein Beispiel wurde.

Gott hält sie selbst in diesen letzten Monaten ihres Lebens fest in seiner Hand. Die Treue und der Gehorsam, mit dem sie diese Treue gelebt hat, werden nun zu einer Zufriedenheit und Sicherheit. »Zum Glück weiß ich, wer auf der anderen Seite auf mich wartet« – diesen Satz hat sie mehr als nur einmal zu mir gesagt.

Ich besuche meine Freundin im Altenheim immer noch regelmäßig. Ich bete mit ihr und warte mit ihr auf das Ende, das für sie ein neuer Anfang ist. Und insgeheim bete ich auch dafür, dass sie dann sehen wird, welchen Unterschied ihr Gebet im Leben ihrer Kinder gemacht hat.

Im Fokus

Ein Thema zieht sich immer wieder durch dieses Buch: Fokus.

Abraham verließ seine Heimat, weil er auf Gott fokussiert war und der Verheißung glaubte. Mose konnte weit über die Grenzen seiner selbst leben und handeln, weil er nicht auf seine Unzulänglichkeit fokussiert war, sondern auf Gott, der durch ihn handelte und die Weltgeschichte veränderte. Samuel erfuhr die Vision für sein Leben, als er lernte, sich auf die leise Stimme Gottes zu fokussieren und den Rest der Welt auszublenden.

Bei Gott gibt es kein Multitasking. Für unsere Welt mit all ihren Terminen, Aufgabe und Deadlines kann das eine echte Herausforderung sein. Immerhin will (oder gefühlt: muss) auch ich ständig alles Mögliche gleichzeitig tun. Seit ich Vater geworden bin, umso mehr. Dass das auf Dauer nicht gesund ist, muss ich nicht erklären. Bei jeder Aufgabe, die dazukommt, teilt sich unsere Energie und unsere Konzentration. Habe ich meinen Fokus auf eine Sache oder Aufgabe gerichtet, bin ich mit 100 Prozent bei dieser einen Sache. Bei zwei Aufgaben halbiert sich meine Konzentration – und so weiter und so fort.

Besonders eindrücklich hörte ich das einmal von einer alten Dame in meiner Gemeinde, die mir folgende Geschichte erzählte:

Ein Mann ging einmal zu seinem Pastor und beklagte sich verbittert, dass er die Zustände in der Kirche nicht mehr aushalte und sich fest vorgenommen habe, sie zu verlassen. Er erzählte von der Eifersucht zwischen den »Geschwistern«, dem Hass, dem Neid und dem Lästern zwischen angesehenen Menschen innerhalb der Gemeinde.

Der Pastor hörte aufmerksam zu. Schließlich füllte er ein Glas randvoll mit Wasser und bat den jungen Mann, eine letzte Aufgabe zu erledigen. Diese bestand darin, das Glas mit dem Wasser festzuhalten, in alle Ecken der Kirche zu bringen und dann zum Pastor zurückzukehren.

Der Mann kehrte nach zehn Minuten mit dem Glas Wasser zurück und sah den Pastor fragend an. Der Pastor fragte, ob das Wasser verschüttet worden sei. Der Mann antwortete: »Nein! Überhaupt nicht. Ich habe mich ganz auf das Glas konzentriert, um sicherzustellen, dass nichts danebengeht.«

Der Pastor antwortete ihm: »So sollte auch das Leben eines Christen in der Kirche und in der Welt sein. Lassen Sie sich nicht von den Dingen, die um Sie herum geschehen, beeinflussen. Konzentrieren Sie sich auf Ihre Verbindung mit Gott. Konzentrieren Sie sich auf die grundlegenden Gesetze der Nächsten- und Gottesliebe.«

NUR EINE SACHE, PERSON ODER EINSTELLUNG KANN IM MITTELPUNKT STEHEN.

Ein echter Fokus, der den Namen auch wert ist, existiert nur im Singular. Nur eine Sache, Person oder Einstellung kann im Mittelpunkt stehen. Es ist nicht wie bei den Sportwettkämpfen in meinem Kindergarten oder der Mini-Playback-Show, wo am Ende alle auf Platz eins sind. Wenn nur eine Sache im Fokus steht, rückt der Rest automatisch in den Hintergrund.

Die Sache ist die: Wenn wir sagen, dass wir mehrere Dinge im Fokus haben, dann sagen wir im Grunde, dass nichts im Fokus ist. Wenn alles wichtig ist, ist nichts wichtig. Mit anderen Worten, wir haben uns nicht die Zeit genommen, das zu entdecken, was für uns tatsächlich am wichtigsten ist.

Hananias stand vor zwei einfachen Optionen. Er konnte Gott gehorchen und den gefürchteten Saulus aufsuchen, von dem er wusste, dass er Christen hasst. Oder er konnte sich weiterhin in der mehr oder minder sicheren Umgebung seiner eigenen vier Wände verstecken.

Die richtige Entscheidung zu treffen, wirkt vielleicht im ersten Moment schwierig, aber eigentlich ist es ganz einfach. Selbst bei aller Schwierigkeit und Herausforderung ist es immer die richtige Wahl, Gott an erste Stelle zu setzen. Es gibt keine Alternative.

Am Tag unserer Hochzeit haben Anni und ich uns gegenseitig ein Eheversprechen gegeben. Es sollte ein Ausdruck dessen sein, was wir füreinander empfinden und was wir für unsere Ehe bewahren wollen. Das Versprechen ist nicht die Grundlage unserer Ehe. Diese ist Gott. Und genau dieser Punkt hat sich bei uns beiden – unabhängig voneinander – an erste Stelle im jeweiligen Versprechen gesetzt. Anni hat mir versprochen, dass Gott bei ihr immer an erster Stelle kommt, und ich habe ihr versprochen, dass Gott auch in meinem Leben immer an erster Stelle stehen wird.

Wenn ich Menschen davon erzähle, dass mir Gott wichtiger ist als meine Frau und mein Kind, ernte ich manches Mal erstaunte Blicke. Das ist gerade für Menschen, die nicht gläubig sind, schwer vorstellbar. Unser Leben bietet aber nur Platz für eine Nummer eins.

Die Tatsache, dass Gott meine Nummer eins ist, bedeutet ja nicht, dass Anni und Titus mir unwichtig wären. Sie kommen direkt danach. Aber wie sollte ich ein guter Ehemann sein, wenn ich meine Beziehung zu dem vernachlässige, dessen Braut die Kirche ist? Wie sollte ich ein guter Vater sein, wenn ich nicht mehr auf den besten Vater im Himmel höre?

In seinem »Hier bin ich«-Moment erkannte Hananias, wo sein Fokus sein sollte. Er sah, dass es alleine darum geht, auf Gott zu schauen. Immer wenn wir das tun, rückt der Rest in den Hintergrund. Nicht weil alles andere unwichtig ist und in unserem Leben keinen Platz hat. Sondern weil unsere Aufgabe in dieser Welt und das Ziel unseres Lebens etwas viel Größeres sind, als es uns **DU BIST BERUFEN, MIT GOTT AUS DEINER KOMFORTZONE ZU TRETEN UND EINEN UNTERSCHIED ZU MACHEN.** Normalität und Bequemlichkeit jemals bieten könnten. Du bist zu mehr berufen als zur Normalität. Du bist berufen, mit Gott aus deiner Komfortzone zu treten und einen Unterschied in der Welt zu machen. Selbst wenn du noch gar nicht absehen kannst, was deine Rolle in dem großen Ganzen des göttlichen Plans ist.

Konsequente Nachfolge wird immer dazu führen, dass alle irdischen Prioritäten neu sortiert werden. Nicht nur deine, sondern auf Dauer auch die der Menschen um dich herum.

WELLEN FÜR DAS KÖNIGREICH

Der Welleneffekt

Nachfolge gibt uns die einzigartige Chance, Menschen auf ihrem Glaubensweg zu begleiten. Damit kommt eine Realität ins Spiel, die gerade beim Thema Nachfolge oft ausgeblendet wird. Ja, Nachfolge ist zuerst eine persönliche Angelegenheit. Ich kann nicht für jemand anderes nachfolgen oder die Entscheidung eines anderen leben. Ich kann schlichtweg nicht für einen anderen Menschen stellvertretend glauben. Der Glaube ist immer eine Angelegenheit zwischen Gott und einer spezifischen Person. Darüber hinaus ist Christsein aber keine Einzelsportart, sondern eine Teamdisziplin.

Paulus hatte enorme Auswirkungen auf das Christentum und seine Verbreitung. Gleich nach seiner Begegnung mit Hananias ging er in die Synagoge und predigte über Jesus. Er malte seinen Zuhörern den gekreuzigten und auferstandenen Sohn Gottes vor Augen. Was da wohl die Leiter der Synagoge dachten? Immerhin hatten sie den gefürchteten Saulus erwartet, den großen Verfolger der Christen, der endlich in Damaskus aufräumen sollte. Und nun stand dieser vor ihnen und predigte voller Eifer genau das, was er eigentlich bekämpfen wollte.

CHRISTSEIN IST KEINE EINZELSPORTART, SONDERN EINE TEAMDISZIPLIN.

Vermutlich hat es sich in Windeseile in der Stadt rumgesprochen, dass der gefürchtete Jäger der Christen mit einem Mal ein Jünger war, der Verfolger ein Nachfolger. In diesen Tagen wurde Gottes Werk an Paulus wahrscheinlich in mehr als nur einer christlichen Gebetsgemeinschaft gepriesen.

Paulus wurde zu einem der einflussreichsten Menschen im Neuen Testament. Er unternahm drei große Missionsreisen, wies viele auf Christus hin und 13 Bücher des Neuen Testaments stammen aus seiner Feder.

Was wäre passiert, wenn Hananias Gott seine drei Worte nicht gesagt hätte? Was wäre, wenn das »Hier bin ich« nicht über seine Lippen gekommen wäre? Alle Taten, die Paulus für Gott getan hat, nehmen ihren Ausgang an diesen drei Tagen in Damaskus. Vielleicht hätte Gott einen anderen beauftragt, aber eins ist klar: Am Tag, an dem Hananias vor dem Richterstuhl Christi stehen wird, wird sein Tun nicht unerwähnt bleiben.

Ich nenne das gerne den Welleneffekt im Königreich. Gelebtes Christsein und Nachfolge gehören aufs Engste mit dem Befähigen und Begleiten von Menschen zusammen. Wenn Gott seine Hand nach einem Leben ausstreckt und es neu ausrichtet, entstehen Wellen. Sie bewegen sich in alle Richtungen, ganz ähnlich wie bei einem Stein, der ins Wasser geworfen wird. Genau so wird unser Leben immer wieder auf andere Menschen treffen und sie beeinflussen.

Nun gibt es eine Einstellung, bei der mir relativ schnell der Kragen platzt. Es gibt unter Christen noch immer die weit verbreitete Auffassung, dass der Pfarrer, die Pastorin oder der Prediger so etwas wie der Hauptwerbeträger für die Gemeinde ist. Wer ist schuld, wenn der Gottesdienst nicht voll genug ist? Der Prediger. Wer hat seinen Job nicht gemacht, wenn das Geld am Ende nicht stimmt? Die Pastorin. Wer muss für das Image der Kirche im Ort sorgen? Der Pfarrer.

Es gibt wohl keine gefährlichere Einstellung für unser Christentum, damals wie heute, denn damit wird das Potenzial der Nachfolge auf einen Menschen begrenzt. Der Welleneffekt bleibt aus. Mose wäre in der Wüste geblieben, wenn er die Aufgabe der Rettung des Volkes der geistlichen Elite unter den Hebräern überlassen hätte. Samuel wäre nicht zum Volk gegangen und hätte den Menschen nicht Gottes Botschaft gebracht, wenn er Eli und seine Söhne als allein verantwortlich angesehen hätte.

Wie viele Menschen in deinem Leben wurden schon dadurch beeinflusst, dass du mit Mut und Gottvertrauen aus deiner Komfortzone getreten bist? Bei manchen weißt du es vielleicht. Bei anderen wirst du es erst im Himmel erfahren. Was muss das für ein Gefühl sein, in der Ewigkeit den Menschen gegenüberzustehen, die einen Weg mit Gott gegangen sind, weil du sie ermutigt und unterstützt hast? Weil du »Hier bin ich« gesagt hast?

Explosionsgefahr

Der Welleneffekt für das Königreich hat noch eine weitere Konsequenz. Wenn die Nachfolge eines Einzelnen dazu führt, dass andere Menschen mit der guten Nachricht in Berührung kommen und diese sich wiederum zusammenschließen, entsteht irgendwann ein unglaubliches Potenzial. Die Gemeinschaft führt zu einer Explosion von Wellen des Glaubens.

Ich liebe die Gemeinschaft. Ich liebe es, mit Menschen mit gleichem Verstand und Herz zusammen zu sein. Ich liebe meine Kirchengemeinde (meistens), meine Freunde (immer) und die Zeit, die wir miteinander auf der immer tiefer gehenden Suche nach Gott verbringen. Aber mein Leben ist zu kurz, um nur an irgendeiner Art von Gemeinschaft interessiert zu sein, die den Menschen nicht hilft, mit mehr Liebe, mehr Mitgefühl, mehr Freude, mehr Heiligkeit und mehr Eifer für Gott und mehr Vision für die Nachfolge zu explodieren.

Ich glaube nicht, dass meine Enttäuschung über eine in sich geschlossene, unfruchtbare, unwirksame Gemeinschaft eine persönliche Eigenart von mir ist. Ich glaube, sie ist ein Echo in meinem – und deinem – Herzen von der explosiven Gemeinschaft, von der wir in der Bibel lesen.

Paulus und Hananias erlebten dies unabhängig voneinander. Zu ihrer Zeit wuchs die Gemeinde von Jerusalem innerhalb kürzester Zeit von 120 Nachfolgern an Pfingsten auf über 5 000 an. Ohne Social Media. Ohne Predigt-Podcasts, ohne Konferenzen und das neuste Steps-SmallGroup-Freizeit-Konzept. Es waren einfach viele einzelne Welleneffekte. Ein Mensch sprach zum anderen. Man betete füreinander und lobte Gott. Mit Nähe und Mitmenschlichkeit wurde ein wenig von dem weitergegeben, was an Segen von Gott empfangen wurde. Es war eine Einheit des Geistes zu spüren, die Menschen in Brand setzte. Sie brannten dafür, immer mehr Menschen in ihre Familie aufzunehmen. Wo man auch hinsah, brannten Sprengladungen des Glaubens, weil die Menschen bereit waren, nachzufolgen.

In unserer Gemeinde sammeln wir an jedem Sonntag eine Extrakollekte für die bedürftigen Menschen in unserem Ort. Wir haben in den letzten Jahren ein engmaschiges Netz aufgebaut, um uns gegenseitig auf Menschen in unserer Nähe aufmerksam zu machen, die tätige Hilfe oder Gebet brauchen. Wir haben Ansprechpartner für unterschiedliche Fragen und Nöte der Menschen. Wir haben uns auf die Fahnen geschrieben, einander beizustehen. Die Frauen unserer Gemeinde treffen sich regelmäßig in der Ladys Night und teilen ihre Fragen und Sorgen, studieren die Bibel und beten füreinander. Die Männer treffen sich in der Bar Church. Auch bei uns gibt es einen biblischen Impuls und Gebet, aber wahrscheinlich mehr Bier als bei den Frauen. Wir teilen das Leben miteinander. Mehr als nur einmal habe ich in der Bar Church

NACHFOLGE ETABLIERT EINE GEMEINSCHAFT DER EXPLOSIVEN NÄCHSTENLIEBE UND DES BRENNENDEN GLAUBENS.

Momente offener und rauer Emotionen erlebt, die mir nie jemand glauben würde, wenn ich ihm sagen würde, dass sich da Männer aus der Gemeinde treffen, um sich zu unterhalten, denn Männer reden ja bekanntlich nicht über ihre Gefühle. Aber Nachfolge etabliert eine solche Gemeinschaft der explosiven Nächstenliebe und des brennenden Glaubens. Es entsteht eine neue Atmosphäre.

Ohne den Mut, wie Hananias ihn an den Tag legt, ist eine solche Gemeinschaft aber unvorstellbar. Wer immer hinter seiner Tür bleibt, aus Angst in die Welt hinauszugehen und sich vielleicht bloßzustellen oder enttäuscht zu werden, wird nie auf dem Weg der Nachfolge gehen, den Gott für ihn erdacht hat.

Der Ort, an dem du dich befindest, ist nicht ausschlaggebend für deine Möglichkeit zur Nachfolge. Im Studium war ich mir sicher, dass ich in eine große Stadt gehörte. Ich spann mir also eine große Story zusammen, die viele Wenn-dann-Passagen hatte:

- Wenn ich erst einmal in der Stadt bin, dann wird die Gemeinde laufen.
- Wenn ich erst einmal die richtige Sound- und Lichttechnik in der Kirche habe, werden die Gottesdienste voll sein.
- Wenn ich erst einmal die richtigen Kleingruppen habe, wird das Wachstum von alleine kommen.
- Wenn ich erst einmal …

Die Liste hätte ich ewig weiterführen können, denn sie hielt mich wunderbar davon ab, tatsächlich etwas an dem Ort anzupacken, an dem ich gerade war. Ich hatte alles für eine Explosion dabei, war aber zu zögerlich, die Lunte anzuzünden.

Dabei ist alles, was wir für tätige Nachfolge brauchen, ein Nachbarn. Mehr nicht. Wenn du aus dem Fenster guckst und ein anderes Haus siehst, kannst du der Welleneffekt sein, durch den Gott im Leben eines Menschen wirkt.

Gemeinsam gehen

Tobias lernte Gott neu kennen, als er in Afghanistan die Beerdigung von Soldaten auf dem Klavier begleitete. Gott kann alle Momente eines Lebens für sich nutzen – selbst die härtesten und unvorstellbarsten. Heute ist Tobias einer meiner engsten Freunde und Vertrauten. Das erste Mal traf ich ihn nach einem Gottesdienst im Mittelgang der Kirche. Seine Tochter war gerade zu mir gelaufen, um Hallo zu sagen. Sie hatte mich von einem Besuch im Kindergarten wiedererkannt. Wir unterhielten uns nur kurz, aber in der kommenden Woche stand er bei mir vor der Tür. Es gab viel zu besprechen.

Tobias erzählte mir, wie er seinen Glauben verloren hatte. Er war als Soldat in Afghanistan gewesen. Seine Aufgabe war es, nach Feuergefechten an Bord eines Helikopters an den Ort des Gefechtes zu fliegen und diesen zu untersuchen. Beim Militär nannte man das Combat Recovery. Erst in der Musik war er Gott wieder ein wenig näher. Er war einer der wenigen, die im Camp eine Beerdigung begleiten konnten.

Wir redeten eine Stunde über seine Erlebnisse am anderen Ende der Welt, das ich nur aus den Nachrichten kannte. Danach hatte ich das Gefühl, dass Gott

»WAS HÄLTST DU DAVON, WENN WIR UNS REGELMÄSSIG TREFFEN UND GEMEINSAM NACH ANTWORTEN SUCHEN?«

wollte, dass ich den Weg zurück zu Gott mit Tobias zusammen gehe. Daher sagte ich: »Ich merke, dass du viele Fragen hast. Was hältst du davon, wenn wir uns regelmäßig treffen und gemeinsam nach Antworten suchen?« Er überlegte kurz. Dann sagte er zu und wir trafen uns ein Jahr lang jede Woche für zwei Stunden.

In unserer zweiten Sitzung erzählte er mir, warum er eigentlich zu mir gekommen war. Ja, er hatte seinen Glauben in Afghanistan verloren. Aber kurz bevor wir uns im Gottesdienst getroffen hatten, war er eines Morgens aufgewacht und ihm war plötzlich klar gewesen, was der Tod von Jesus am Kreuz bedeutete. Es war für ihn, als seien seine Augen geöffnet worden. Wir beteten an diesem Tag lange. Ich bat Gott, Tobias weiter auf diesem Weg zu führen und dass er Großes für Gott tun dürfe.

Nach einem Monat erzählte ich Tobias von meinen dunklen Tagen. Nun war er es, der für mich betete. Und nicht nur das: Mit seinen Erfahrungen vom Militär brachte er mir neues strategisches Denken bei. Wir beteten strategisch, er wurde Teil des Gottesdienstteams und unsere Familien wurden Freunde.

Bereits nach einigen Wochen war der Welleneffekt der Nachfolge zu erkennen. Weil Tobias realisiert hatte, dass er mit seinen Gaben an diesem Ort stand und berufen war, das Evangelium zu verbreiten, konnten wir mit eigenen Augen sehen, wie sich Gottes Segen Stück für Stück ausbreitete. Nach einem Jahr starteten wir unsere Männer- und Frauengruppen. Tobias predigt im Gottesdienst, leitet Glaubenskursabende und steht mir als mein Seelsorger zur Seite.

Hananias hatte die Chance, Paulus zu begleiten. Dafür gehorchte er Gott in einer gefährlichen Situation. Ohne ihn hätte die Ausbreitung des Christentums einen ganz anderen Weg genommen. Als Kind war ich in meinen Fantasien und Tagträumen immer der Held. Heute bin ich lieber ein Hananias, der sich Gott ganz zur Verfügung stellt, damit andere wachsen können. Ich habe keine Ahnung, ob Tobias eher Paulus ist und ich Hananias oder doch andersherum. Am Ende ist das aber auch egal. Gottes Geschichte dreht sich nicht um uns beide. Wenn unsere Nachfolge ihr Ziel erreichen soll, muss sie auf dem Weg immer wieder neue Menschen mit hineinnehmen, mal als Hananias, mal als Paulus. Echt gelebte Nachfolge führt zu Wellenbewegungen.

In dieser Zeit gewöhnte ich mir auch an, jeden Tag für jeden Mitarbeiter in unserer Gemeinde zu beten. Ich brachte sie alle vor Gott und bat ihn, sie zu segnen und immer wieder neu für ihren

Dienst mit Hoffnung und Gewissheit zu füllen. Nach und nach wuchsen Kinderkirche und Jugendarbeit so stark an, dass wir neue Räume suchen mussten.

Gott segnete unseren Einsatz. Er segnete, dass immer mehr Menschen sich unter seine starke Hand stellten und sagten: »Hier bin ich.« Wir waren bereit für Veränderung. Wir waren bereit, ihm zu folgen.

Die Physik aushebeln

Jede Generation hat die einmalige Chance, die Geschichte zu ändern, ganz unabhängig von Alter, Herkunft oder Vermögen. Alles, was notwendig ist, ist das feste Vertrauen auf Gott. Und vielleicht auch die Fähigkeit, über sich selbst hinauszublicken und den Tellerrand der eigenen Möglichkeiten nicht allzu ernst zu nehmen, sondern Wellen für das Königreich zu schlagen. Das funktioniert nicht wie bei physikalischen Auswirkungen, denn die stehen normalerweise in einem Verhältnis zueinander. Bei der Nachfolge geht es stattdessen um eine völlige Unverhältnismäßigkeit. Als Nachfolger mache ich einen Unterschied für Gott, der in keiner Relation zu dem steht, was ich bin. Die Gesetze der Physik werden ausgehebelt. Es geht nicht um eine verhältnismäßige Reaktion auf eine Aktion. Wenn Gott mit im Spiel ist, dürfen wir mit Reaktionen rechnen, die weit über das geplante Ergebnis hinausgehen. Und gleichzeitig werden wir selbst vieles davon wahrscheinlich nicht einmal mitbekommen.

Ich lese in meiner Freizeit gerne christliche Biografien. Besonders die Reihe »Zeugen des gegenwärtigen Gottes«[2] hat es mir angetan. Es sind recht alte Bücher, die das Leben von Pastoren, Missionarinnen und Missionaren, Diakonissen oder Christen im Allgemeinen behandeln. Auf dem Cover ist normalerweise ein Porträt als Strichzeichnung abgedruckt und jedes Buch hat achtzig bis hundert Seiten, die perfekte Länge, um die großen Stationen eines Lebens zusammenzufassen.

Fokus verliert auf Dauer immer wieder an Schärfe. Ich neige dazu, mich auf meine aktuelle Situation zu versteifen und den Rest auszublenden. Dann setze ich mich mit einem der kleinen Büchlein in meinen Lesessel und tauche für eine oder zwei Stunden in das Leben eines schon lange verstorbenen Menschen ab. Dabei lerne ich jedes Mal wieder zwei Dinge. Erstens sitzt Gott am längeren Hebel, und alleine das beruhigt mich. Zweitens besteht jedes Leben aus Höhepunkten und Tiefpunkten. Nur merke ich das nicht, wenn ich gerade an einem Tiefpunkt bin. Dann sieht mein Leben aus wie ein finsteres Tal.

Ein Leben, das in Gottes Dienst gestellt ist, wird am Ende immer größer sein, als es eigentlich möglich wäre. In einem meiner Bücher habe ich ein Zitat von David Brainerd gelesen. Brainerd war vor zweihundert Jahren Missionar bei den Ureinwohnern im heutigen New England. Er schrieb:

Oh, dass ich ein brennendes Feuer im Dienste des Herrn sein könnte. Hier bin ich, Herr, sende mich; sende mich bis an die Enden der Erde … sende mich sogar in den Tod selbst, wenn es nur in deinem Dienst ist, und um dein Reich zu fördern.

Brainerd machte für Gott einen Unterschied, der in keinem Verhältnis zu dem stand, was er mitbrachte. Er starb im Alter von 29 Jahren. Er war nicht sehr bekannt. Er war extrem anfällig für Depressionen. Aber sein Leben inspirierte die moderne Missionsbewegung vielleicht mehr als das jedes anderen Menschen in der Neuzeit. Wie kam es dazu?

Der junge Missionar war so entflammt für Gott, dass Jonathan Edwards sich von Gott gedrängt fühlte, Brainerds kurze fünfjährige Missionarskarriere und sein Tagebuch in ein Buch zu fassen. Und dieses Buch veränderte die Welt. Es ist erstaunlich, was Gott durch ein kurzes Leben tun kann, das zu seiner Ehre in Flammen steht. Die Auswirkungen können weit über das hinausgehen, was diese Person ist.

Meine Hoffnung ist, dass Gemeinden sich dieses völlig unverhältnismäßigen Welleneffektes bewusst werden. Ich hoffe auf eine Generation, die betet: »Hier bin ich, Herr. Lass mich einen Unterschied machen für dich, völlig unverhältnismäßig zu dem, was ich bin.«

Wir können diese Worte als Niemande sprechen. Wir geben damit allein Gott die Ehre für alles, was passieren wird. Gott wird unser Leben in seiner Souveränität nehmen und verwandeln. Manches werden wir schon hier bemerken, doch viele Ergebnisse und Zusammenhänge werden wir erst in der Ewigkeit begreifen.

Damit es dazu kommen kann, müssen wir uns jedoch unserer verlorenen Identität zuwenden.

TEIL 3:

ICH

Das menschliche Leben birgt ungeheure Geheimnisse. Eines der größten ist unsere Identität und die Tatsache, dass wir uns überhaupt die Frage nach unserer Identität stellen können, denn darin findet sich der Schlüssel zu unserem Leben. Sehe ich der Zukunft mit Zittern oder mit der Erwartung spektakulärer Herrlichkeit entgegen? Drückt mich der Gedanke an sie nieder oder richtet er mich mit Freude auf?

Welche dieser beiden Optionen ich in meinem Leben erfahre, hängt in hohem Maße davon ab, ob ich die Antworten auf die großen menschlichen Grundfragen kenne oder nicht. Wer bin ich? Wie bin ich zu dieser Identität gekommen? Warum bin ich hier? Kein Hund, keine Ameise, kein Fisch, kein Vogel, kein Delfin und kein Schimpanse hat jemals (soweit ich weiß) eine Nacht über diese Fragen nachgedacht. Nur Menschen stellen diese Fragen. Nur Menschen können bis zum Äußersten gehen und sich selbst und anderen sogar das Leben nehmen, wenn sie keine wahren und befriedigenden Antworten auf diese Fragen erhalten.

Der letzte Abschnitt dieses Buchs beschäftigt sich daher mit dieser wichtigsten Frage im Bereich der lebendigen Nachfolge. Wer bin ich? Wie bin ich zu dieser Identität gekommen? Wozu ist sie da – warum bin ich hier?

Genau wie Jesaja werden wir die Antwort auf diese Fragen nur in der Gegenwart Gottes finden. Denn das Ziel der Nachfolge ist Gottes Gegenwart. Dort ist der einzige Ort, an dem man die eigene Identität neu denken und erleben kann. Indem wir uns in Gottes Gegenwart begeben, begeben wir uns zugleich in den unbekannten Raum in uns selbst. Wir erleben und erkennen die Realität Gottes direkter, authentischer, intimer und gewaltiger. Mit anderen Worten: Indem wir seine Gegenwart erleben, wird seine Realität und Anwesenheit in unserem Leben verstärkt. Entweder im Guten, wenn wir unter seiner Gnade stehen, oder im Bösen, wenn wir unter seinem Zorn stehen. Gerade aufgrund dieser lebensbestimmenden Fragen, mit denen wir uns nun befassen, ist es von höchster Wichtigkeit, Gott in seiner Gegenwart kennenzulernen.

Einer der Schlüssel zum Kennenlernen Gottes liegt im Herzen des Gebets: schonungslose Offenheit. Jesaja ist schonungslos offen und ehrlich vor Gott. Es hungert ihn nach Gott und nach seiner Wahrheit. Er hat erkannt, dass nichts anderes auf der Welt mit der Erfahrung vergleichbar ist, in Gottes Gegenwart zu sein. Er hat eine Leidenschaft für seine Gegenwart. Er hatte seinen Appetit auf andere Menschen und andere Dinge verloren. Er ist hungrig nach Gott. Deshalb bittet er Gott, dass dieser seine Identität neu ordnet und bestimmt, denn ohne die Selbsterkenntnis kann er nicht zur Gottes-erkenntnis aufsteigen. Und Gott wird diese Art von Gebet immer beantworten. Denn Gott hört und antwortet.

DIE FÜNFTE NACHT – REICHT DIR JESUS?

Auf jeder Bergwanderung kommt irgendwann der Tag des Abstiegs. Für mich begann dieser auf der Spitze. Das war der höchste Punkt, den wir erreichen konnten. Ganz oben war ich schließlich ganz unten angekommen. Den Tag über hatte ich auf der Wanderung die Gedanken schweifen lassen. In den letzten Tagen hatte ich gelernt, dass die Berge genau dafür gedacht waren. Der Fokus auf den nächsten Schritt, um nicht zu stürzen, nahm all meine Gedanken ein. Es war kein Platz für anderes.

In meinem privaten Umfeld fiel es mir schwer, über mein Innerstes zu reden. Noch schwerer fiel es mir nur in meinem beruflichen Umfeld. Im Normalfall ist der Pastor der Mensch, der sich die Sorgen und Probleme der anderen anhört, und nicht andersherum. Es gab in dieser Zeit also wenige Menschen, mit denen ich wirklich ehrlich sprach.

Auf dem Berg gab es jedoch einen Moment, der anders war. Ich saß am Abend mit Malte zusammen, einem Pastor, Freund und Mann der ehrlichen Worte. Auf einmal platzte ich heraus: »Irgendwie fühle ich mich innerlich tot. Es ist hoffnungslos.« Ich war selbst überrascht, dass diese Worte über meine Lippen gekommen waren.

Maltes Antwort werde ich nie vergessen und ich habe sie seitdem schon an mehr als nur einen Menschen in einer ähnlichen Situation weitergegeben: »Ich glaube, dass du nicht hoffnungslos genug bist. Wenn du völlig hoffnungslos wärst, würdest du aufhören, auf das zu vertrauen, was du tun kannst, und auf das vertrauen, was Jesus am Kreuz für dich getan hat.« Malte fügte noch eine Frage hinzu: »Bist du sicher, dass dir Jesus reicht?« Bäm. Damit hatte er ins Schwarze getroffen.

Mein Problem war nicht, dass ich keine Hoffnung hatte. Ich hoffte auf viele Dinge. Gesundheit, Glück, neuen Lebensmut und Selbstvertrauen. Ich hoffte auf Dinge, die nicht Gott sind. Meine eigenen Fähigkeiten. Mein Ansehen. Finanzielle Sicherheit. All diese Dinge füllten die Lücke aus, die ich in meinem Herzen mit mir herumtrug. Und wenn die Götzen, auf die ich gehofft hatte, nicht wie versprochen lieferten, geriet ich in Panik. Nach außen hin hätte ich das nie so gesagt. Aber es war so.

ICH GLAUBE, DASS DU NICHT HOFFNUNGSLOS GENUG BIST.

Es ist einfach, auf etwas anderes als Gott zu hoffen. Und genau aus diesem Grund stellt sich uns die Frage: Reicht mir Jesus?

Eine ganz simple Frage. Ich liebe simple Fragen. Denn mir fällt meist eine ebenso simple Antwort ein, die bei näherem Hinsehen jedoch nicht wirklich standhält.

Reicht mir Jesus? Da hätte ich eigentlich eine Antwort gegeben, bei der ich nicht lange überlegen musste. Natürlich! Was für eine Frage! Immerhin bin ich getauft und konfirmiert, mein halbes Leben Christ und inzwischen Pastor. Ich predige jeden Sonntag über ihn. Nach dieser einfachen Antwort schob ich den Gedanken erst einmal beiseite.

Aber von diesem Moment an nagte die Frage unterbewusst an mir. Sie ließ mich nicht mehr los. Müsste ich mich nicht anders fühlen, wenn mir Jesus reichen würde? Müsste ich mich nicht anders verhalten, wenn Jesus wirklich genug wäre? Kognitiv wusste ich natürlich, dass Jesus reichte. Mehr noch! Er war alles, was nötig war. Aber irgendetwas von dieser wunderbaren Botschaft war auf der viel zu langen Strecke zwischen Kopf und Herz verloren gegangen.

Keine Nachfolge ohne Umkehr. Und zwar aus dem einfachen Grund, dass wir auf dem falschen Weg unterwegs sind. Wie fatal das ist, fällt besonders auf, wenn man in den Bergen auf einem

Weg unterwegs ist, der immer nur geradeaus geht. Umkehr ist der wichtigste Moment des Glaubens, denn es ist der Moment, der uns klarmacht, dass es nicht um uns selbst geht. Das Ganze heißt zwar »Hier bin *ich*«, aber es ist bloß die Antwort an jemand, der viel größer ist. Jesus sollte das alles bestimmende Element meiner Identität sein. Seine Herrlichkeit sollte alles andere überstrahlen. Um dieser Wahrheit wieder neu auf die Spur zu kommen, musste ich zurück zu Jesaja in den Tempel.

Mit Jesaja bewegen wir uns auf den Kern des »Hier bin ich« zu. Je näher wir diesem Kern kommen, umso mehr stellen wir fest: Es geht nicht um uns. Nachfolge und Gebet weisen immer von uns weg zu dem, dem wir folgen und zu dem wir beten. Je näher wir mit Jesaja in die Gegenwart Gottes gehen, umso deutlicher wird das.

JESAJA & DIE GEGENWART GOTTES

Umkehr

Seit dem Tod des Königs hatte er sich in den Tempel zurückgezogen. Er hatte sich verbarrikadiert und ließ niemanden zu sich. Das Volk vor den schweren Türen war außer sich. Immer wieder hörte er Schreie. Das Königreich lag geistlich in Ruinen. Selbst er als Priester konnte sich nicht vorstellen, wie es nun weitergehen sollte. Das Land war auf dem Weg ins Verderben. Er hatte sich mit Händen und Füßen gewehrt. Er hatte versucht, einen Ort der Reinheit zu erhalten. Und war kläglich gescheitert. Allein das Feuer war noch rein. Es flackerte in einer großen Schale mitten im Tempel.

Begonnen hatte es, als Usija vom Weg des Herrn abgekommen war. Die Priester hatten den König gewarnt. Er hatte nicht dafür gesorgt, dass die gottlosen Kultstätten im Land geschlossen wurden. Dabei war doch der Tempel der Ort, den Gott sich erwählt hatte!

Aber je mächtiger Usija wurde, desto mehr vergaß er, dem Herrn zu danken. Es gab keine Gottesfurcht mehr. Die Demut war verschwunden. Nicht einmal, als Gott ihn mit Schwielen am ganzen Körper zur

Vernunft bringen wollte, kehrte er um. König Usija lebte isoliert in einem einzelnen Haus. Sein Sohn übernahm die Regierung. Für jeden musste doch spätestens jetzt klar sein, wie schwer die Sünde wog, die er auf sich gezogen hatte! Sein Ungehorsam und sein Hochmut kamen einer Rebellion Gott gegenüber gleich! Gott ist ein heiliger Gott und er straft Sünde. Sünde trennt von der Gemeinschaft mit Gott und sie zerstört auch menschliche Beziehungen, das wusste jedes Kind. Auch der König wusste es.

So oft hatten die Priester gebetet, dass Usija wenigstens am Ende seiner Tage Buße tun würde. Dass er doch noch zu Gott umkehren würde. Aber wahrscheinlich hatte er es nicht mehr getan. Denn hätte Usija Buße getan, wäre Gott ihm gnädig gewesen. Und nun war alles verloren.

Er schloss für einen Moment die Augen. Die Geräusche verschwanden hinter einem Schleier.

Plötzlich spürte er ein Zittern. Es kam aus dem Nichts. Der Tempelboden bebte. Dann sah er es. Er musste nicht einmal seine Augen öffnen. Es fühlte sich an, als würde alles Blut aus seinem Kopf gesaugt werden. Jesaja sackte auf die Knie und starrte in das gleißende Licht. Nur ein Wimmern kam über seine Lippen.

Gottes überraschende Gegenwart

Es erstaunt mich immer wieder, wie ein gewöhnlicher Tag in Sekundenschnelle zu einem außergewöhnlichen werden kann. Jesaja war im Tempel in Jerusalem und kümmerte sich um seine eigenen Angelegenheiten. Es war eine Zeit der Ungewissheit, denn König Usija, der 52 Jahre lang über das Königreich Juda regiert hatte, war gestorben. Vielleicht war Jesaja in dieser beunruhigenden Zeit im Tempel, um für sein Volk zu beten; vielleicht war er dort als Teil des Gottesdienstes; vielleicht arbeitete er sogar an seiner Berufung. Auf jeden Fall war er sich im Laufe seines Tages plötzlich bewusst, dass er sich in der Gegenwart des lebendigen Gottes befand.

Der Tempel in Jerusalem war ein großes Bauwerk. Es überragte die Stadt, war mit den besten Materialien gebaut und mit enormer Pracht ausgestattet. Aber selbst diese Dimensionen reichten nicht im Ansatz aus, um Gott zu fassen. Gerade einmal der Saum seines Gewands reichte in dieses prunkvolle Gebäude hinab.

Von einem Moment auf den nächsten steht Jesaja Gott gegenüber. Rauch erfüllt den Ort, in Feuer gehüllte Engel stehen um einen himmlischen Thron. Die Engel, die im Thronsaal Gottes selbst Dienst tun, nehmen eine ehrfürchtige Haltung ein, indem sie ihre Augen und Füße beim Fliegen bedecken, damit sie die Heiligkeit Gottes nicht berühren oder sehen können. Jesaja hört den himmlischen Lobgesang aus ihrem Mund: »Heilig, heilig, heilig ist der Herr, der Allmächtige! Die Erde ist von seiner Herrlichkeit erfüllt!« (Jesaja 6,3).

In der heiligen Gegenwart Gottes erkennt Jesaja, dass er nicht zu Gott passt. Er spürt seine Trennung von Gott und ruft: »Mir wird es furchtbar ergehen, denn ich bin ein Mann mit unreinen Lippen, inmitten eines Volkes mit unreinen Lippen. Ich werde umkommen, denn ich habe den König, den Herrn, den Allmächtigen, gesehen!« (Vers 5).

Jesaja erlebt eine alles übersteigende Störung seines Alltags. Er wird jedoch nicht nur in seinen Abläufen gestört, sondern vor allem in seiner Beziehung zu sich selbst endlich aus dem Schlummer der Selbstsicherheit geweckt.

In meinem eigenen Streben nach Gott habe ich mich oft mit mir selbst beschäftigt. Man könnte leicht denken, dass das ständige Bewusstsein der eigenen Fehler und Schwächen Demut ist. In meinem Fall könnte die Wahrheit jedoch nicht weiter entfernt sein. Wenn ich das Hauptthema bin und ständig über meine Schwächen spreche, bin ich der subtilsten Form des Stolzes zum Opfer gefallen.

Die Begegnung mit Gott richtet den Fokus vollständig und unwiederbringlich von uns weg. Wenn ich Gott suche, kann ich am Ende nicht bei mir selbst landen, denn Gott zu suchen bedeutet, seine Gegenwart zu suchen. »Gegenwart« ist eine gebräuchliche Übersetzung des hebräischen Wortes »Gesicht«. Wir sollen buchstäblich Gottes Angesicht suchen. Vor seinem Angesicht zu sein, bedeutet, in seiner Gegenwart zu sein.

DIE BEGEGNUNG MIT GOTT RICHTET DEN FOKUS VOLLSTÄNDIG UND UNWIEDERBRINGLICH VON UNS WEG.

Aber sind wir nicht immer in seiner Gegenwart? Kann es einen Ort geben, an dem Gott nicht ist? Ja und nein. Natürlich ist Gott allgegenwärtig und daher immer in der Nähe von allem und jedem. Er hält alles im Sein. Seine Macht ist immer präsent, indem er alle Dinge erhält und regiert. Warum flüstert seine Stimme wohl zu Mose, Samuel und allen anderen? Weil er so nahe ist!

Und zweitens ist er bei seinen Kindern immer präsent im Sinne seiner Bundesverpflichtung, immer zu uns zu stehen und alles zu unserem Wohl zu wenden. »Ich versichere euch: Ich bin immer bei euch bis ans Ende der Zeit« (Matthäus 28,20).

Aber gefühlt ist Gottes Gegenwart nicht ständig bei uns. Aus diesem Grund ruft uns die Bibel immer wieder auf, Gott zu suchen: »Sucht den Herrn und seine Macht, sucht seine Gegenwart alle Zeit« (Psalm 105,4). Gottes offensichtliche, bewusste, vertrauensvolle Gegenwart ist nicht unsere ständige Erfahrung. Es gibt Zeiten, in denen wir Gott vernachlässigen und nicht an ihn denken und ihm nicht vertrauen und ihn als abwesend erleben – wir nehmen ihn mit den Augen unseres Herzens dann nicht als groß und schön und wertvoll wahr.

Sein Gesicht – der Glanz seines persönlichen Charakters – ist hinter dem Vorhang unserer menschlichen Begierden verborgen. Deshalb wird uns gesagt, dass wir seine Gegenwart allezeit suchen sollen. Gott ruft uns auf, uns ständig seiner Größe und Schönheit und seines Wertes bewusst zu sein.

Die Gegenwart Gottes überrascht Jesaja. Und das, obwohl er im Tempel ist. Es hat eine gewisse Ironie. Jesaja ist im Tempel, dem Haus Gottes, und wundert sich, dass er Gott dort begegnet. Ich habe schon in vielen Gottesdiensten gesessen und gedacht: »Wenn Gott jetzt hier wäre, wäre ganz schön was los.« Ich glaube, dass viele evangelische Kirchen sich für das Übernatürliche schämen. Sie wollen von den Menschen als respektabel angesehen werden und nicht mit den bizarren Possen einiger Fernseh-Glaubensheiler verwechselt werden. Sie sehnen sich nach Akzeptanz, Ordnung und Berechenbarkeit. Ich kann das verstehen, denn es gibt viele Scharlatane, von denen wir uns distanzieren müssen. Aber Gott kann nicht in eine Kiste gesteckt werden. Gott wird tun, was er tun will, und wir sollten offen sein für alles, was Gott vielleicht tun will, auch wenn er unsere sorgfältig geplante Welt stört.

Jesajas »Hier bin ich«-Moment setzt genau hier an.

VERLOREN UND GEFUNDEN

Es geht nicht um dich

Die christliche Identität wird nicht durch das definiert, was ich aus mir selbst heraus bin. Sie wird definiert durch das, was Gott mit mir tut, durch die Beziehung, die er zu mir herstellt, und durch den Weg, den er für mich bestimmt hat. Gott hat mich zu dem gemacht, was ich bin, damit ich erkenne, wer *er* ist.

Die Frage nach meiner Identität hatte sich mir nie richtig gestellt. In der Grundschule war ich der Klassenclown. Später wurde ich ruhiger und las viel. Im Studium definierte ich mich stark über meine Noten und mein Bibelwissen. Ich dachte aber nie wirklich darüber nach, sondern nahm meist einfach an, was sich mir anbot. In der Grundschule lachten die Mitschüler über meine Witze, also machte ich einfach weiter. Im Studium hielten mich die anderen für ziemlich klug, also kultivierte ich genau dieses Bild von mir.

Ich machte mir nie groß Gedanken darüber, ob das eine schlaue Vorgehensweise ist. Erst als ich älter wurde und mit einem Mal Verantwortung für eine Gemeinde übernehmen sollte, brach die Frage nach meiner Identität über mir zusammen. Mit einem Mal spitzte sich alles zu. Es ging gar nicht darum, wo ich herkam und wo ich hin sollte. Es ging auch nicht darum, was ich tat und was die Menschen in meiner Umgebung taten. Es ging einzig und allein darum, wer ich war. Meine Wut auf andere Menschen, meine schnelle Frustration in der Gemeinde und meine Angst, mich den großen Kämpfen zu stellen, kamen alle aus diesem einen schwarzen Loch: Ich war mir nicht darüber im Klaren, wer ich eigentlich war. Mein Leben lang hatte ich die Antwort auf diese Frage immer aus der erstbesten Quelle genommen, die sich mir bot. Was gerade funktionierte, nahm ich mit.

Zwischenzeitlich war dies derart zur Farce geworden, dass mir alle Antworten gleich vorkamen. Ich versteckte mich hinter der Fassade des Pastors, spulte mein Programm ab und ging abends leer nach Hause. Ich machte einfach da weiter, wo ich bisher immer meine Antworten bekommen hatte: Ich nahm, was sich mir anbot. Jetzt war ich Pastor. Was ein Pastor zu tun hatte und wo er zu sein hatte, wusste ich. Und wenn sich abends die Tür schloss, war ich wieder alleine. Zumindest bis zu meiner Hochzeit mit Anni, aber durch ihre Gegenwart war das Problem nicht gelöst. Wenn mir jemand einen Zettel mit den Worten »Ich bin…« hingelegt hätte, hätte ich viele Titel und Funktionsbeschreibungen nennen können, aber keine wirkliche Antwort auf die Frage, wer ich eigentlich bin. Diese Antwort konnte ich nur bei Gott selbst bekommen.

Wenn Gott sich in 2. Mose 3 »Ich bin« nennt, ist das ein entscheidender Moment in der Geschichte der Welt. Gott offenbart sich seinem Volk und kommt, um es aus dem Exil zu erlösen und in ein neues Leben zu führen. Der Name Gottes offenbart, wer er ist und wie er ist. Er ist der »Ich bin«, das ewige, unveränderliche, für sich selbst existierende, unendliche und in jeder Hinsicht perfekte Wesen. Er ist Gott.

Wir Menschen bekommen unsere neue Identität, um die Identität Gottes in der Welt bekannt zu machen.

Ein Ausdruck von Herrlichkeit

Gottes Gegenwart ist ein Ausdruck seiner Herrlichkeit. Es ist eine Herrlichkeit, in der nichts anderes bestehen kann. Nichts Schlechtes, nichts Böses, nicht Unheiliges. Bevor Jesaja sagen konnte: »Hier bin ich, sende mich«, stand er vor einem Graben, der überwunden werden musste.

Im Licht von Gottes Vollkommenheit und Heiligkeit war Jesaja von seinen Unvollkommenheiten und seiner Sündhaftigkeit überwältigt. Es machte ihn so krank, dass er dachte, er würde sterben. Er erkannte, dass er unrein war und dass sein Volk unrein war. Aber genau das war es, was er sehen musste. Er musste zuerst sehen, wie heilig und wunderbar Gott war, bevor er seine Unzulänglichkeiten und sein Bedürfnis nach Veränderung und seine Sehnsucht nach Heilung sehen konnte. Nur wenn wir Gott so sehen, wie er wirklich ist, können wir mit dem wahren Zustand unseres eigenen Herzens richtig umgehen.

In diesem Moment prallten Welten aufeinander. Der Vorhang wurde zur Seite gezogen und Jesaja erkannte in der Gegenwart Gottes seine eigene Verlorenheit. Gleichzeitig erlebte er, dass Gott ihn so sehr liebt, dass er ihn nicht an diesem Punkt stehen lassen wollte.

Der Engel nahm eine brennende Kohle vom Altar Gottes und berührte Jesajas Mund. Das Feuer reinigte ihn. Es verbrannte alles, was sich an Sünde und Verfehlung in Jesajas Leben angesammelt hatte. Gott heiligte ihn und berief ihn für einen besonderen Dienst. Nicht weil Jesaja von Anfang an besonders geeignet gewesen wäre, sondern weil Gott ihn an diesem Ort haben wollte und ihn dafür bereit machte. Das ist die einmalige Gnade Gottes. Diese Begegnung mit der Gnade Gottes war so unglaublich erleichternd und bewegend, dass Jesaja sie wohl nie vergessen konnte und sie mit seinem Volk teilen wollte.

Je weiter ich zur Bergspitze vordrang, umso mehr erkannte ich, dass aller Schmerz, alle Angst und alle Zweifel notwendig gewesen waren. Sie waren Gottes Werkzeug, um mir meine eigene Sünde, meinen Stolz und meine Unbelehrbarkeit zu zeigen. Ich konnte mich nicht selbst reparieren. Ist ein Augenarzt etwa in der Lage, eine Operation an seinem eigenen Auge durchzuführen? Er könnte ja gar nicht sehen, was er zu tun hat! Und eine Chirurgin, die sich bei einem Unfall beide Arme gebrochen hat, könnte sich wohl kaum selbst operieren.

Vielleicht hast du Dinge getan, von denen du dir wünschst, dass du sie nie getan hättest. Ich habe solche Dinge getan. Ich habe die Beherrschung verloren und Menschen, die ich liebe, mit meinen Worten häufiger verletzt, als ich zählen könnte. Ich habe meinen egoistischen, sündigen Wünschen nachgegeben und Gott, mich selbst und andere im Stich gelassen. Manchmal habe ich meine Familie vernachlässigt und zu viel von meinem Herzen und meiner Zeit der Kirche gegeben. Immer wenn ich Titus auf dem Arm halte, sage ich mir, dass ich am Tag seines Auszugs bei uns kein Vater sein will, der sich wundert, wo die Zeit mit den Kindern geblieben ist. Und trotzdem erwische ich mich dabei, dass ich ihn manchmal nur morgens und abends kurz sehe. Und das sind nur einige der Dinge, die ich bedauere. Es gibt noch viel mehr, von dem ich lieber nichts in diesem Buch schreiben möchte.

Die menschliche Sünde ist eine Krankheit, die uns auffrisst. Wir Menschen sind sehr gut darin, richtig und falsch zu benennen, auch wenn wir beides gern zu unseren Gunsten auslegen. Aber wir können uns nicht selbst von der Krankheit heilen, die uns immer wieder dazu bringt, das Falsche zu tun. Wir brauchen einen göttlichen Arzt – und zum Glück ist Jesus gerade im Dienst.

Jesus ist Gott selbst in Menschengestalt – ganz Gott, aber ganz Mensch. Die meisten Menschen, mit denen ich spreche, haben gehört, dass er gelehrt, Wunder vollbracht und Kranke geheilt hat. Die meisten Menschen haben gehört, dass er am Kreuz hingerichtet wurde und wieder auferstanden ist. Ob sie es glauben oder nicht, ist eine andere Frage. Weniger bekannt ist, worum es dabei ging.

Gott wurde einer von uns, um mit und für uns zu leiden. Obwohl er keine eigene Sünde hatte, identifizierte sich Jesus so vollständig mit uns, dass er die Last unserer inneren Zerbrochenheit auf seine Schultern lud. Er versteht das alles, weil er alles getragen hat – die ganze Last, alles für uns. Indem er starb, nahm er es mit in den Tod; indem er auferstand, öffnete er uns durch sich selbst den Weg zum Leben.

GOTT WURDE EINER VON UNS, UM FÜR UNS ZU LEIDEN.

Es gab keinen anderen Weg für Gott, um uns zu helfen. Er musste echte Qualen ertragen, echtes Blut bluten und einen echten Tod sterben. Am Kreuz fühlte sogar er sich allein. Als er rief: »Mein Gott, mein Gott, warum hast du mich verlassen?« (Markus 15,34), war das für uns. Für dich und mich. Er bezahlte den Preis, den wir nicht zahlen können, er trug die Last, die wir nicht tragen können. »Kommt alle her zu mir, die ihr müde seid und schwere Lasten tragt«, sagte er. »Ich will euch Ruhe schenken« (Matthäus 11,28).

Das ist keine ausgedachte Story, sondern es ist tatsächlich geschehen. Es ist wirklich wahr. Wenn wir Jesus als Retter vertrauen, dann geben wir durch ihn unser zerbrochenes Leben auf und erhalten sein eigenes Leben als wunderbaren Tausch. Dann kann kein Leid bedeutungslos sein, weil es in sein eigenes Leiden hineingehoben und erlöst wird.

Das ist der größte Ausdruck von Gottes Herrlichkeit. Er hat seinen Palast verlassen, um unsere Sünde zu tragen. Der herrlichste und größte König ist nicht der, der fröhlich regierend auf seinem goldenen Thron sitzt, sondern der, der bereit ist, all das loszulassen, weil er weiß, dass er dabei nur gewinnen kann.

In den letzten Jahren hat sich allerdings ein Zerrbild in unsere Kirchen geschlichen.

Das Evangelium der Selbstliebe

Während meiner Zeit im Predigerseminar predigte ich in einer Gemeinde über das höchste Gebot. Jesus wurde eine wichtige Frage gestellt:

> »Meister, welches ist das wichtigste Gebot im Gesetz von Mose?«
> Jesus antwortete: »›Du sollst den Herrn, deinen Gott, lieben, von
> ganzem Herzen, mit ganzer Seele und mit all deinen Gedanken!‹ Das
> ist das erste und wichtigste Gebot. Ein weiteres ist genauso wichtig:
> ›Liebe deinen Nächsten wie dich selbst.‹ Alle anderen Gebote und alle
> Forderungen der Propheten gründen sich auf diese beiden Gebote.«
> Matthäus 22,36-40

Nach dem Gottesdienst wurde ich an der Kirchentür von einer Frau angesprochen. Sie plauderte ein wenig mit mir und sagte dann, dass sie noch etwas zum Predigttext sagen wolle. »Sie haben zwei Arten der Liebe richtig benannt. Die Liebe zu Gott und die Liebe zum Nächsten. Aber eines haben Sie vergessen. Liebe deinen Nächsten wie dich selbst. Ich muss auch mich selbst lieben können, sonst kann ich keinen anderen lieben.«

Ich nickte. Ich antwortete irgendetwas. Wir verabschiedeten uns. Das Problem war: Ich liebte mich nicht. Ich war mir dessen bewusst, dass vieles an mir absolut nicht okay war.

Ich glaube, dass die populäre Lehre von der Selbstliebe in wesentlichen Punkten am Ziel vorbeischießt. Das Versprechen ist, einfach ausgedrückt: Je mehr man nach innen schaut und sich selbst liebt, desto mehr kann man andere lieben und in Frieden und Zufriedenheit leben. Oft lässt es sich so zusammenfassen: »Wir behandeln andere so, wie wir uns selbst behandeln. Und wenn ich mir über meinen Wert unsicher bin, werde ich mir über den Wert der anderen unsicher sein.«

Aber so verlockend die Idee der Selbstliebe auch klingen mag, sie führt am Ende genau in die entgegengesetzte Richtung der Nachfolge. Während Nachfolge ein Ziel außerhalb meiner Selbst, nämlich Gott hat, hat die Selbstliebe mich selbst als Ziel und Fokuspunkt. Selbstliebe zielt auf eine tiefere Liebe und Akzeptanz des Selbst ab. Sie ist eine meditative Konzentration auf die eigenen positiven Eigenschaften. Die Selbstliebe sucht die Freiheit von negativen Gedanken über sich selbst – sei es aus Schuld, Unsicherheit oder Scham. Angeblich ist sie der Schlüssel zur Liebe zu anderen und zur Liebe Gottes, denn solange wir mit uns selbst unzufrieden sind, können wir uns auch Gott nicht widmen.

Vielleicht hast du solche oder ähnliche Sätze schon gehört. Vielleicht hast du dabei ähnlich wie ich empfunden. Ich dachte mir immer: »Super, ich mag mich nicht und bin jetzt anscheinend nicht mal mehr in der Lage, jemand anderes oder Gott zu mögen.« Wenn du das so kennst, kann ich dir sagen: Selbstliebe ist nicht die Lösung, sondern Teil des Problems.

Das erste Problem beim Blick nach innen ist, dass wir Sünder sind. Wenn wir mit ehrlichem Blick nach innen blicken, gefällt uns nicht, was wir sehen – zumindest sollte es uns nicht gefallen. Wir können die Sünde in allen Aspekten unseres Lebens sehen. Wir sehen, dass wir zutiefst fehlerhaft sind. Die Philosophie der Selbstliebe verspricht, dass man Frieden finden wird, wenn man nach innen schaut und einen Weg findet, das zu lieben, was man sieht. Aber aufgrund unserer massiven Unzulänglichkeiten können wir keine Zufriedenheit in uns selbst finden.

Die Philosophie der Selbstliebe basiert auf der Idee, dass Menschen grundsätzlich gut und liebenswert sind. Wenn die Selbstliebe nicht funktioniert und wir unzufrieden sind, könnten wir dies auf unsere eigene Blindheit zurückführen. Vielleicht kennst du den Satz: »Du kannst einfach nicht sehen, wie liebenswert du wirklich bist.« Und das stimmt in gewisser Weise, jeder ist liebenswert, weil Gott ihn als wertvollen Mensch geschaffen hat. Aber sowohl die Schrift als auch die persönliche Erfahrung zeigen, dass es sehr wenig zu lieben gibt, wenn wir nicht über uns hinaus auf Christus schauen.

Ein Streben, das ganz auf Selbstliebe fokussiert ist, lässt uns unzufrieden zurück und scheitert meist. Nach meiner Erfahrung gibt es sogar einen Zusammenhang zwischen Depression und dem Vertrauen auf die Selbstliebe. Eine übersteigerte Selbstliebe ist eine der höchsten Formen der Selbsttäuschung: Einerseits erkenne ich an, dass ich laut der Bibel nach Gottes Bild geschaffen bin, andererseits weigere ich mich aber, die ausgleichende Wahrheit zu schlucken, dass meine eigene Sünde mich der Liebenswürdigkeit beraubt hat. Die Eigenliebe ist grundsätzlich unbefriedigend und mangelhaft, weil von uns irgendwie erwartet wird, dass wir die Hälfte dessen, was wir als sündige Menschen sind, ignorieren.

Wie in vielem kann man dabei auf beiden Seiten vom Pferd fallen. Wenn die Bibel davon spricht, dass wir uns selbst lieben, dann geht es darum, gut für uns zu sorgen, ohne uns um uns selbst zu drehen, indem wir uns zum Beispiel an den richtigen Stellen Ruhe gönnen oder für Auszeiten sorgen. Immerhin beginnt dieses Buch mit einem Zusammenbruch, der zu einer Auszeit führt. Wenn ich schreibe, dass Selbstliebe nicht das Ziel sein kann, meine ich auch nicht, dass wir uns kasteien oder von der Gesellschaft, unserer Arbeit oder der Gemeinde mit einem Lächeln im Gesicht kaputt machen lassen sollen. Eine ehrliche und aktive Selbstliebe verhindert das, denn das würde ich für meinen Nächsten wirklich nicht wollen.

ÜBERSTEIGERTE SELBSTLIEBE IST EINE DER HÖCHSTEN FORMEN DER SELBSTTÄUSCHUNG.

Ich rede über eine Selbstliebe, die zur Egozentrik wird. Eine Selbstliebe, die über jede Sünde und jedes Fehlverhalten einen Mantel der schweigenden Annahme legt. Das ist eine passive Selbstliebe. Sie lässt einfach geschehen. Es regt sich kein Widerstand gegen das Böse. Am Ende lande ich damit immer nur bei mir selbst. Gott und mein Nächster verschwinden hinter einer Nebelwand aus Selbstbeweihräucherung.

Eine aktive Selbstliebe kämpft. Sie ringt mit der eigenen Sündhaftigkeit, mit dem eigenen Nichtgenügen vor Gott. Sie erkennt den Schmerz und nimmt ihn an, weil durch diese Erkenntnis hindurch wahre Liebe zu mir selbst entsteht. Ich darf mich lieben, weil ich weiß, dass Gott mich selbst in diesem Zustand lieben kann. Er liebt mich sogar so sehr, dass er mich dort, wo ich jetzt bin, nicht stehen lassen will. Er will mich verändern.

Wenn Christus uns ruft, dann liebt und umarmt er uns wirklich, nachdem er selbst alle Bedingungen für unsere volle Annahme erfüllt hat. Aber im gleichen Akt ruft er uns auf, unsere alte Natur zu hassen und sie abzulegen (Epheser 4,22), nach Erneuerung zu streben (Römer 12,2) und uns selbst zu verleugnen (Matthäus 16,24). Gott will nicht, dass wir einfach eine erhöhte Selbstannahme erreichen. Er will unsere Nachfolge und Heiligung.

Das Evangelium der Selbstliebe verdrängt – auch in vielen Kirchen – das wahre Evangelium. Paulus hatte das für die letzten Tage bereits vorhergesehen:

Denn die Menschen werden nur sich selbst und ihr Geld lieben. Sie werden stolz und eingebildet sein, Gott verachten und ihren Eltern ungehorsam und undankbar begegnen. Nichts wird ihnen heilig sein. … Sie werden so tun, als seien sie fromm, doch die Kraft Gottes, die sie verändern könnte, werden sie ablehnen.

2. Timotheus 3,2.5

Die vorübergehende Erleichterung, die wir durch Selbstliebe empfinden, kann nicht mit der überwältigenden Erleichterung durch
wahre Liebe und Annahme durch Gott verglichen werden. Die
»Selbstannahme« der Kinder Gottes ist kein aktives Streben nach
mehr Selbstliebe. Vielmehr sollen wir uns mehr und mehr so sehen,
wie Gott uns sieht: als sündige, schuldige, unzulängliche Menschen,
die durch den Glauben an Christus reingewaschen und für gerecht
erklärt wurden (Römer 3,24).

Wahre Selbstliebe ist die Akzeptanz unserer selbst als erlöste
Menschen. Ja, wir werden geliebt und angenommen, aber eben
nicht, weil wir in uns selbst würdig sind, sondern weil Christus
würdig ist. Das ist die Realität der Nachfolge.

Liebst du dich selbst genug, um das zu akzeptieren? Wenn nicht,
kann ich es noch ein wenig deutlicher machen.

Verloren ...

Es braucht nur drei Kapitel in der Bibel und schon geht es bergab.
Wenn man bedenkt, wie dick so eine Bibel ist, dann geht das ver-
dammt schnell.

Der Mensch hat bewusst einen rebellischen und unberechen-
baren Weg gewählt. Nur wenige Verse nachdem wir von einer unge-
hinderten Gemeinschaft zwischen Gott und dem Menschen gelesen
haben, verleumden Adam und Eva die Güte Gottes und weisen die
Autorität Gottes zurück. Misstrauen entsteht. Es macht sich der Gedanke breit, dass es etwas Besseres geben muss als das, was Gott
geplant hat. »Hier, nimm etwas von der Frucht. Gott weiß nicht,
was das Beste für uns ist.«

Im ersten Kapitel der Bibel lesen wir, wie Gott nur durch sein
Wort alles erschaffen hat. Er hat dem Menschen den Lebensodem

eingehaucht. Es fällt nicht ein Staubkorn auf dieser Welt, von dem er nicht die genaue Anfangs- und Endposition kennt. Aber der Mensch glaubt, dass er es besser wüsste ...

Wir verleumden Gottes Güte, weisen Gottes Autorität zurück und hinterfragen Gottes Wort. Die Frage, die immer wieder – im Paradies und heute – dazu führt, dass dies geschieht, ist ein Einfallstor des Zweifels: Sollte Gott wirklich gesagt haben ...?

1. Mose 3 ist eines der tragischsten Kapitel der ganzen Bibel, doch was hier seinen Anfang genommen hat, zieht sich durch den gesamten Rest hindurch. Durch einen Menschen kam die Sünde in die Welt. Die Folge waren Vertreibung und Tod. Die Verlorenheit der Menschheit trieft aus jeder Zeile von Gottes Wort. Die Menschen sind aus der Gegenwart Gottes vertrieben und von ihm entfremdet.

Die Liste lässt sich noch weiterführen: Die Menschen sind von Gott abgeschnitten (Römer 11,22), verurteilt (Römer 5,16; LUT), leben in Feindschaft (Jakobus 4,4), sind von Christus getrennt (Epheser 2,12). Sie sind Sklaven der Sünde (Johannes 8,34) und werden von Satan beherrscht (2. Timotheus 2,26). Die Menschen sind Kinder des Zorns (Epheser 2,3; LUT) und Liebhaber der Dunkelheit (Johannes 3,20). Sie leben in Unreinheit und Gesetzlosigkeit (Römer 6,19).

Die Verlorenheit des Menschen betrifft jeden von uns individuell und alle von uns gemeinsam. Paulus fasst es im Römerbrief zusammen: »Keiner ist gerecht – nicht ein Einziger. Keiner ist klug; keiner fragt nach Gott. Alle haben sich von Gott abgewandt; alle sind für Gott unbrauchbar geworden. Keiner tut Gutes, auch nicht ein Einziger« (Römer 3,10-12).

Unser Problem ist nicht, dass wir einige schlechte Entscheidungen getroffen haben. Unser Problem ist nicht, dass wir es vermasselt haben. Unser Problem ist, dass wir – im Kern unseres Seins – sündhaft, verloren und von Gott abgeschnitten sind.

Von Gott getrennt zu sein, ist kein wünschenswerter Zustand. Deshalb sagt Jesaja: »Weh mir, denn ich bin verloren.« Damit ist er nicht allein. Seine Verlorenheit wird von der gesamten Menschheit geteilt. Alle Menschen – auch wir – sind sündhaft verloren, abgesehen von Christus. Von Gott abgeschnitten, von Gott verurteilt, Feinde Gottes, Sklaven der Sünde, Liebhaber der Finsternis. Das ist der Zustand des Menschen vor Gott.

... gefunden

Die Herrlichkeit Gottes steht der Sündhaftigkeit des Menschen gegenüber. Damit sind die Weichen für die gute Nachricht gestellt. Jesaja schreit seine Verlorenheit heraus und Gott antwortet mit Gnade.

Gott befiehlt einem Engel, eine glühende Kohle vom Altar zu nehmen und Jesajas Lippen zu berühren. Dann sagt er: »Sieh, dies hat deine Lippen berührt. Jetzt ist deine Schuld getilgt; deine Sünden sind dir vergeben« (Jesaja 6,7).

Aber Moment... Im letzten Kapitel wurde doch aufgezählt, was alles falsch ist mit uns. Wie ist es dann möglich, dass dieser heilige Gott (der alles richtig macht und in jeder Hinsicht gerecht ist) einen schuldigen Sünder ansieht und erklärt: »Du bist unschuldig«? Egal, wer wir sind – ob konservativ, liberal oder mit einem ganz anderen Label –, wir haben ein Gefühl von Recht und Unrecht. Wir erwarten, dass das Falsche verurteilt und das Richtige belohnt wird. Und natürlich muss Gott das genauso tun. Wie also kann Gott in seiner Vollkommenheit das völlig Verlorene betrachten und sagen: »Du bist vollkommen rechtschaffen«?

In einer späteren Prophezeiung wird das Mysterium für Jesaja gelüftet. In Jesaja 53 wird ein Gott erkennbar, der einen Opferaltar in einen Ort der Erlösung verwandelt. Gott zeigte diese Realität schon Generationen zuvor immer wieder schemenhaft für sein Volk.

Zum Passahfest strichen die Familien das Blut eines Lammes an den Türrahmen. Damit zeigten sie, dass der Preis für die Sünde bezahlt worden war (2. Mose 12,7.13). Am Tag der Versöhnung wurden zwei Ziegenböcke bereitgestellt (3. Mose 16,5). Einer wurde geopfert, um zu zeigen, dass die Sünde gesühnt wurde. Dann legte der Priester seine Hände auf den Kopf des zweiten Ziegenbocks und übertrug symbolisch die Sünde des Volkes auf das Tier. Im Anschluss wurde der »Sündenbock« in die Wüste gejagt, um nie wieder zurückzukehren. Gott sorgte dafür, dass die Sünde beseitigt werden konnte. Immer wieder. Jedes Jahr aufs Neue.

Im Buch Jesaja zeigt Gott uns, was Jesus Christus für uns tut:

> Er nahm unsere Krankheiten auf sich und trug unsere Schmerzen. Und wir dachten, er wäre von Gott geächtet, geschlagen und erniedrigt! Doch wegen unserer Vergehen wurde er durchbohrt, wegen unserer Übertretungen zerschlagen. Er wurde gestraft, damit wir Frieden haben. Durch seine Wunden wurden wir geheilt! Wir alle gingen in die Irre wie Schafe. Jeder ging seinen eigenen Weg. Doch ihn ließ der Herr die Schuld von uns allen treffen.
>
> Jesaja 53,4-6

In dieser ernüchternden Prophezeiung eines leidenden Dieners steht, dass Christus die Strafe der Sünde ertragen wird. All das körperliche Leiden, das wir am Kreuz sehen, ist ein sichtbarer Beweis für unsere innere Sünde. Gott kann uns gerecht sprechen, weil er selbst an unserer Stelle für Gerechtigkeit gesorgt hat. Es ist ein Skandal und ein Wunder zugleich. Deshalb ist es für uns doppelt schwer, zu glauben. Ein Skandal, wenn wir uns nicht eingestehen wollen, dass es notwendig ist. Ein Wunder, wenn wir nicht glauben können, dass Gott so wirklich unsere Schuld aus der Welt schaffen kann. Aber genau das hat er getan.

Absolut keine Aufzeichnungen

Ich habe einmal eine Geschichte über einen Engländer gehört, der einen Rolls Royce gekauft hatte. Beworben wurde das Luxusauto damit, dass es niemals mit einer Panne liegen bleiben würde. Es war ein Produkt purer Handwerkskunst und Qualität.

Der Mann war glücklich mit dem Wagen und fuhr übers Land. Alles war perfekt. Bis er eines Tages ohne die leiseste Vorankündigung mitten im Nirgendwo liegen blieb. Der Wagen rührte sich nicht mehr. Der Mann zog sein Handy aus der Tasche und rief den Händler an. »Hey, wissen Sie, dieses Auto, das nie kaputtgehen soll …«

Zur Überraschung des Mannes wurde sofort ein Mechaniker von Rolls Royce per Hubschrauber eingeflogen. Das Auto wurde in Windeseile repariert und der Mechaniker flog wieder davon. Der Mann stieg leicht verwundert in sein Auto und fuhr nach Hause. In den nächsten Tagen ging er immer wieder nervös zum Briefkasten und wartete auf die Rechnung, immerhin konnte eine solche Reparatur per Hubschrauber nicht günstig sein.

Als die Rechnung einige Wochen später noch immer nicht gekommen war, rief der Mann bei Rolls Royce an und sagte: »Ich möchte meine Rechnung für die Autoreparatur bezahlen, damit wir das hinter uns bringen können.«

Am anderen Ende der Leitung hörte er das Klackern einer Tastatur. »Sir, es tut uns leid, aber wir haben absolut keine Aufzeichnungen darüber, dass jemals etwas mit Ihrem Auto schiefgelaufen ist.«

Mit der Sünde ist es genauso. Wenn du und ich auf Jesus als unseren Retter vertrauen, schaut Gott auf uns und sagt: »Ich habe absolut keine Aufzeichnungen darüber, dass in deinem Leben jemals etwas schiefgelaufen ist.« Nicht, weil es nicht relevant wäre, was wir tun. Sondern weil Jesus dafür bezahlt hat.

Und es wird sogar noch besser. Nicht nur, dass er uns unsere Sünde nicht anrechnet, er schenkt uns dafür die Gerechtigkeit von Jesus und sagt: »Ich habe hier nur Aufzeichnungen von allem, was in deinem Leben richtig gelaufen ist.«

Martin Luther nannte diesen Skandal den fröhlichen Wechsel, doch ich frage mich, ob »fröhlich« diese wahnsinnige Verschiebung der Realität wirklich beschreiben kann. Wir haben einen skandalösen, barmherzigen Retter. Und wenn das alles wahr ist – wenn wir einen unglaublich glorreichen Gott haben, wenn wir ein sündhaft verlorenes Volk sind und wenn wir einen skandalös barmherzigen Retter haben – dann stellt das unsere ganze Identität auf den Kopf.

Gottes Ruf

Es sollte nach diesen schweren Kapiteln deutlich sein, dass die Identität eines Christen nicht von seinem Menschsein abhängig ist. Sie ist (wie der Name es schon verrät) von Christus abhängig.

Jesus Christus ist Gottes Ruf in dieser Welt. Seine ersten Worte, nachdem er aus der Verborgenheit in das Licht der Weltgeschichte getreten war, waren: »Jetzt ist die Zeit gekommen ... Das Reich Gottes ist nahe! Kehrt euch ab von euren Sünden und glaubt an diese gute Botschaft!« (Markus 1,15).

Die Umkehr von den Sünden ist im Zentrum. Damit steht Jesus in einer langen Linie von Botschaftern Gottes. Immer wieder ruft Gott sein Volk auf, umzukehren und in seine weit geöffneten Arme zu flüchten. Mit dem Kommen von Jesus in die Welt ist allerdings eine neue und unüberbietbare Realität hinzugekommen. Gott selbst kommt und offenbart sich unvergleichbar in Jesus Christus.

Direkt im Anschluss an diese erste Predigt ruft Jesus eine Jüngerschar um sich, die diesen Weg mit ihm gehen soll. Nicht die Menschen kommen zu ihm, sondern er zu ihnen. Er ruft jeden Einzelnen und die Menschen lassen ihr altes Leben, ihren Beruf und ihre Heimat hinter sich. Sie folgen dem einen, bei dem sich das Nachfolgen lohnt. Während sie ihm folgen, sind die Jünger in der einmaligen Lage, ganz am Herz und Mund von Jesus zu sein.

Immer wieder auf diesem Weg hält Jesus inne und offenbart den Jüngern einen weiteren Moment seiner Identität. Wenn Jesus den Titel »Ich bin« auf sich selbst anwendet, behauptet er, Gott zu sein (Johannes 8,58). Nicht ein Helfer Gottes oder ein großer Lehrer, sondern das göttliche, ewige, präexistente, unendlich vollkommene Wesen. Er ist der Gott Israels. Abraham hat seine Stimme wahrgenommen, Mose hat den brennenden Dornenbusch gesehen und Samuel hat ihn nachts flüstern hören. Aber all das ist nichts im Vergleich zu dem, was die Jünger erleben. Jesus steht vor ihnen und übertrifft jeden Moment der Geschichte der Welt. Er ist so viel größer als Mose, weil er der Gott Moses ist. Er hat das Leben in sich selbst und kann uns das Leben schenken. Er ist die vollkommene Identität und kann uns zeigen, wer wir sind. Stück für Stück lernen die Jünger so Gott und sich selbst neu kennen.

Ich könnte jetzt viele Sätze darüber schreiben, was und warum Jesus genau dieses oder jenes sagt. Aber ich will ihn selbst zu Wort kommen lassen. Nimm dir Zeit. Lies diese Sätze und lass Jesus sprechen. Sein Licht wird deine Identität erleuchten. Er hat sich an die Stelle des Todes gestellt und ihn für dich entmachtet. In seiner Auferstehung liegt dein Weg zum Vater. Du kannst nichts ohne ihn tun. Alles Handeln geht durch ihn hindurch. Er wird dir sagen, wer er ist, und du kannst daran erkennen, wer du bist. Deine Identität liegt in ihm verborgen.

Lies diese Sätze. Am besten mehrmals. Jesus spricht über dich. Er spricht zu dir. Er wirbt um dein Vertrauen.

Jesus sagt:

»Ich bin das Brot des Lebens. Wer zu mir kommt, wird nie wieder hungern. Wer an mich glaubt, wird nie wieder Durst haben. Doch ihr habt nicht an mich geglaubt, obwohl ihr mich gesehen habt. Alle aber, die der Vater mir gegeben hat, werden zu mir kommen, und ich werde sie nicht zurückweisen oder hinausstoßen.«

Johannes 6,35-37

»Ich bin das Licht der Welt. Wer mir nachfolgt, braucht nicht im Dunkeln umherzuirren, denn er wird das Licht haben, das zum Leben führt.«

Johannes 8,12

»Ich bin das Tor zu den Schafen … Alle, die vor mir kamen, waren Diebe und Räuber. Doch die Schafe hörten nicht auf sie. Ja, ich bin das Tor. Wer durch mich hineingeht, wird gerettet werden. Wo er auch hinkommt, wird er grüne Weiden finden.«

Johannes 10,7-9

»Ich bin der gute Hirte. Der gute Hirte opfert sein Leben für die Schafe. Ein Schäfer, der nur für Lohn arbeitet, läuft davon, wenn er einen Wolf kommen sieht. Er wird die Schafe im Stich lassen, weil sie ihm nicht gehören und er nicht ihr Hirte ist. Und so greift der Wolf sie an und zerstreut die Herde. Der bezahlte Arbeiter läuft davon, weil er nur angeworben wurde und die Schafe ihm nicht wirklich am Herzen liegen. Ich bin der gute Hirte; ich kenne meine Schafe und sie kennen mich, so wie mein Vater mich kennt und ich den Vater. Ich gebe mein Leben für die Schafe.«

Johannes 10,11-14

»Ich bin die Auferstehung und das Leben. Wer an mich glaubt, wird leben, auch wenn er stirbt. Er wird ewig leben, weil er an mich geglaubt hat, und niemals sterben. Glaubst du das?«

Johannes 11,25-26

»Ich bin der Weg, die Wahrheit und das Leben. Niemand kommt zum Vater außer durch mich. Wenn ihr erkannt habt, wer ich bin, dann habt ihr auch erkannt, wer mein Vater ist. Doch von nun an kennt ihr ihn und habt ihn gesehen!«

Johannes 14,6-7

»Ich bin der wahre Weinstock und mein Vater ist der Weingärtner. Er schneidet jede Rebe ab, die keine Frucht bringt, und beschneidet auch die Reben, die bereits Früchte tragen, damit sie noch mehr Frucht bringen. Ihr seid schon durch die Botschaft, die ich euch gegeben habe, beschnitten. Bleibt in mir, und ich werde in euch bleiben. Denn eine Rebe kann keine Frucht tragen, wenn sie vom Weinstock abgetrennt wird, und auch ihr könnt nicht, wenn ihr von mir getrennt seid, Frucht hervorbringen. Ich bin der Weinstock; ihr seid die Reben. Wer in mir bleibt und ich in ihm, wird viel Frucht bringen. Denn getrennt von mir könnt ihr nichts tun.«

Johannes 15,1-5

All das ist Jesus für dich.

Deine Identität als Nachfolger

Reicht dir Jesus? Diese Frage bleibt an uns hängen. Jeden Tag neu. Wenn du dich Christ oder Christin nennst, sollte ziemlich deutlich sein, was der bestimmende Faktor deiner Identität ist. Ein Christ gehört zu Christus. Alles, was in seinem Leben Bestand hat, alles was entscheidend ist, hat er von Christus.

Martin Luther hat es in der ersten seiner 95 Thesen so beschrieben: »Da unser Herr und Meister Jesus Christus spricht ›Tut Buße‹ usw. (Matthäus 4,17), hat er gewollt, dass das ganze Leben der Gläubigen Buße sein soll.«

Nachfolge ist eine auf den Kopf gestellte Identität. Du bist nicht der Held. Du bist der, der gerettet werden muss. Du bist nicht David beim Kampf gegen Goliath. Du bist ein verängstigter Soldat in der vierten Reihe. Jesus ist der David der Geschichte. Du bist der, der Buße tun muss. Der, der jeden Tag wieder zu Gott zurückkehren kann und muss. Es ist das Gegenteil von »Fake it 'til you make it«.

Der Gott, der uns nach seinem Ebenbild geschaffen hat, hat uns nicht die Macht gegeben, uns selbst eine Identität zu kreieren. Von Anfang an war unsere wahre Identität (wer *wir* sind) an unseren Schöpfer (wer *er* ist) gebunden: »So schuf Gott die Menschen nach seinem Bild, nach dem Bild Gottes schuf er sie, als Mann und Frau schuf er sie« (1. Mose 1,27).

JEDE IDENTITÄT, DIE ICH MIR ABSEITS VON GOTT SCHAFFEN MÖCHTE, BLEIBT OHNE BESTAND.

Jede Identität, die ich mir abseits von Gott schaffen möchte, wird ohne Bestand bleiben.

Am Ende kommt ein lückenhafter Flickenteppich dabei raus, der bei der ersten Berührung mit einem echten Konflikt in zwei Teile zerreißt. Bis dahin versuche ich, die Lücken in dem Flickenteppich meiner Identität mit allem zu stopfen, was sich mir anbietet. Schönheit, Reichtum, Freundschaft, Sex, Luxus,

Macht. Aber nichts davon schließt die Lücken. Wie auf einer alten Decke nähe ich nur Flicken über Flicken und jedes Mal wird sie unansehnlicher. Alles, was bleibt, sind Überreste des Bildes, das Gott einmal in mich gelegt hat.

Je mehr ich nach Selbstverwirklichung strebe, desto mehr verliere ich das Selbst, zu dem Gott mich gemacht hat. Ich will meine Identität schaffen, aber eigentlich verliere ich sie bloß.

Wenn wir eine Identität finden wollen, die ewig Bestand hat, müssen wir auf der Suche nach unserer Selbstverwirklichung sterben. So hart es auch klingt, aber die Suche nach der eigenen Identität abseits von Gott kann niemals zu Gott führen. Um es mit den Aposteln zu sagen: Der alte Mensch wurde mit Christus gekreuzigt und wir lassen ihn im Tod zurück. Der neue Mensch, das neue Selbst, lebt mit ihm (Römer 6,6-8).

Aber keine Angst: Jesus ist nicht daran interessiert eine Armee von Marionetten ohne Persönlichkeit als Nachfolger zu haben. Der Himmel soll nicht mit seinen Klonen gefüllt werden. Unsere Identität soll vielmehr nach dem Bild des Schöpfers erneuert werden. So wie Gott es am Anfang der Bibel erdacht hat. Nach seinem Bilde geschaffen. Ihm zur Ehre.

Am Ende unseres Glaubenskurses gibt es einen Abschluss, bei dem wir gemeinsam vor Gott treten. Wir feiern einen Gottesdienst, bei dem wir Ja zu Gott sagen – weil er schon vorher Ja zu uns gesagt hat. Wir sprechen laut aus, dass wir ihm folgen wollen. Bevor wir das tun, legt jeder einen kleinen Briefumschlag am Kreuz ab. In der Zeit zwischen dem letzten Vortragsabend und diesem Gottesdienst hat jeder Teilnehmer die Möglichkeit, einen Brief an Gott zu schreiben. Wie in einem Gebet laden wir darin alles bei Gott ab. Nach dem Gottesdienst machen wir in unserem Pastoratsgarten ein Feuer und verbrennen die Briefe. Das ist mehr als eine einfache Handlung. Es ist eine Erinnerung für uns. Das Feuer führt uns vor Augen, dass Gott unsere Vergangenheit und unsere Sünde am Kreuz vernichtet hat. Gott kennt uns bis in den letzten Winkel unserer Seele. Er freut sich, wenn wir mit ehrlichen und ungeschönten Worten zu ihm kommen. Und er ist mehr als nur bereit, uns einen Neuanfang zu geben.

Besonders freue ich mich immer in den Tagen und Wochen nach diesem Gottesdienst über die Nachrichten, die ich bekomme. Teilnehmer erzählen mir, dass sie sich befreit fühlen. Dass sie einen echten Neustart mit Gott erleben. Dass alte Mauern eingerissen wurden. Es gibt keine Sünde, die für Gottes Gnade zu groß wäre. Keine schlechte Angewohnheit muss ohne Heilung bleiben. Solange wir atmen, ist Gott mit uns noch nicht fertig!

Wenn wir uns Gott ganz hingeben, können wir nicht verlieren. Wenn wir unsere selbst gebaute Identität aufgeben, tritt an die leere Stelle nicht einfach die nächstbeste Variante. In der Nachfolge werden wir zu dem Menschen, den Gott schon immer in uns gesehen hat.

In dir ist viel mehr, als du denkst. Bei allen Berichten in diesem Buch hast du gesehen, dass es nicht die Menschen selbst sind, die diese großen Taten für Gott vollbracht haben. Es war Gott, der ihnen den Weg bereitet hat.

Wer das realisiert, entdeckt, dass wir am meisten zu uns selbst werden, wenn wir uns selbst vergessen. Wir erkennen, dass wir am glücklichsten sind, wenn wir uns am wenigsten darum kümmern, wie wir gerade dastehen oder was andere denken. Alles was zählt, finden wir in Gottes Angesicht.

Also: Reicht dir Jesus? Reicht dir dieser eine unglaubliche Gott, der alles für dich gegeben hat? Nicht weil er es musste, sondern weil er es aus Liebe zu dir wollte! Lass ihn das Alte von dir nehmen und dir eine neue Identität geben. Dann wirst du feststellen, dass deine wahre Identität die ganze Zeit in ihm verborgen war.

TEIL 3:

SENDE MICH

Auf einer Hütte vor einem großen Felsmassiv trafen wir auf einen Trupp Gebirgsjäger auf einem Übungsmarsch. Das waren Kerle, die knapp doppelt so breit waren wie ich (inklusive Rucksack). Irgendwann saßen wir an einem Tisch und unterhielten uns. Und ganz typisch kam das Gespräch irgendwann auf meinen Beruf. Immerhin machte ich es dem Rest der Welt nicht so einfach und trug Abzeichen auf der Schulter. Nachdem Stefan die erste Überraschung überwunden hatte und die Fragen beantwortet waren, die mir immer gestellt werden, wenn ich erzähle, dass ich Pastor bin, sprachen wir über die Übung der Einheit: den Durchbruch in den Bergen.

Ein Durchbruch ist ein militärisches Konzept. Wenn eine Armee in der Lage ist, die Kräfte des Feindes bis zum Punkt des Zusammenbruchs zu schwächen, kommt es zu einem Durchbruch, der es dieser Armee ermöglicht, in das Gebiet des Feindes einzudringen und es einzunehmen.

»Also sucht ihr eine Stelle am Berg, durch die ihr leicht hindurchkommt?«, fragte ich.

»Ganz so einfach ist es nicht«, war die Antwort. »Denn im Krieg ist ein Durchbruch nur dann wirklich wichtig, wenn er an einem strategischen Ort stattfindet. Und der Beweis, dass ein Ort strategisch wichtig ist, zeigt sich fast immer in der Menge der feindlichen Streitkräfte, die zu seinem Schutz zusammengezogen werden. Der strategisch wichtigste Punkt wird mit den stärksten Kräften geschützt. Einem strategischen Durchbruch gehen immer intensiver werdende Kämpfe voraus. Strategischer Boden ist nicht leicht zu gewinnen.«

Ich hätte nicht gedacht, dass die Worte von Stefan meine aktuelle Situation besser beschreiben könnten als die Andacht am Morgen. Aber so war es. Unseren Durchbrüchen stehen mächtige Kräfte gegenüber. Das gilt für die geistliche Kriegsführung ebenso wie für die irdische.

Ich musste unweigerlich an die letzten Worte von Jesus im Matthäusevangelium denken.

Mir ist alle Macht im Himmel und auf der Erde gegeben. Darum geht zu allen Völkern und macht sie zu Jüngern. Tauft sie im Namen des Vaters und des Sohnes und des Heiligen Geistes und lehrt sie, alle Gebote zu halten, die ich euch gegeben habe. Und ich versichere euch: Ich bin immer bei euch bis ans Ende der Zeit.
Matthäus 28,18-20

Wir sind nicht die Verteidiger. Wir sind die, die in die Welt hinausziehen und uns mit dem Evangelium bewaffnet allen Widrigkeiten der Welt und des Bösen entgegenstellen. Das ist ein harter Kampf. Ob wir nun um Durchbrüche gegen unsere eigene hartnäckige Sünde oder den Unglauben eines geliebten Menschen kämpfen oder um Durchbrüche im missionarischen Aufbau unserer Gemeinde, wir haben es mit den Mächten und Gewalten der unsichtbaren Welt zu tun (Epheser 6,12). Wir wissen nicht genau, was das bedeutet, außer dass diese Kräfte sehr stark sind.

Es zieht sich ein Muster durch die ganze Bibel: Jedem bedeutenden Schritt Gottes geht eine Zeit schwieriger und entmutigender Opposition voraus. Samuel hört Gott nach langem Schweigen und verstörenden Szenen am Tempel. Mose flieht aus Ägypten und ist vom Königssohn zum Schafhirten geworden. Hananias trifft auf Paulus in Zeiten großer Verfolgung.

Die Begründung ist einfach: Gott dringt in das ein, was die Dunkelheit als ihr Gebiet betrachtet. Wenn wir nicht auf Widerstand stoßen, greifen wir wahrscheinlich keinen strategischen Standort an. Aber wenn doch, dann sind wir an etwas dran. Dort, wo der Feind seine Kräfte verstärkt, müssen wir unsere Angriffe konzentrieren.

Abraham geht in ein fremdes Land der fremden Götter. Mose stellt sich dem mächtigsten Mann und einer ganzen Armee gegenüber. Samuel hört Gott in einem verkommenen Tempel und Hananias wird von der Gewalt seiner Verfolger bedroht. Sie alle wussten, dass ihre Durchbrüche nicht leicht zu gewinnen sein würden. Der Boden war hart umkämpft. »Hier bin ich« war ihr Kampfschrei, der die Mächte Gottes mobilisierte.

»Hier bin ich« ist ein Aufruf zu heiliger Entschlossenheit. Wie in jedem großen Krieg gibt es viele Schlachten. Einige Durchbrüche werden relativ schnell erreicht, andere benötigen große Ausdauer. Aber Durchbrüche erfordern immer die Entschlossenheit, den Angriff aufrechtzuerhalten.

Nach dem Gespräch mit den Gebirgsjägern wusste ich, wie es weitergehen sollte. Ich hatte eine Sprache für das gefunden, was ich erlebt hatte. Noch am Abend schrieb ich die ersten WhatsApp-Nachrichten an Freunde zu Hause. Es war an der Zeit, zu beten und zu kämpfen. Genau wie die Gruppe, mit der ich in den Bergen unterwegs war, und genau wie der Trupp der Gebirgsjäger braucht jeder von uns Menschen um sich herum, die ebenfalls Jesus nachfolgen und mit Gebet mit durch die Schlachten gehen, die wir kämpfen. Nachfolge bedeutet, Teil einer gesandten Gemeinschaft zu sein.

Im letzten Kapitel dieses Buches geht es deshalb genau darum: Gott sendet dich mit seinem Auftrag in die Welt hinaus.

DIE SECHSTE NACHT – HINEIN IN GOTTES ZUKUNFT

Vor unserem letzten Nachtlager stand eine kleine Kapelle. Ich hatte auf dem Weg schon einige dieser winzigen Kirchen gesehen, die oft bei einer kleinen Ansammlung von Häusern gebaut waren. Häufig war an der Außenseite eine Tafel angebracht, auf der aufgeführt war, wer wann und aus welchem Grund die Kapelle errichtet hatte. Nach einem stärkenden Essen zogen wir uns alle am Abend in die Kapelle zurück und feierten eine letzte Andacht. Das Gebäude war in sanftes Kerzenlicht getaucht und unser Gesang schwebte durch den winzigen Raum. Ich schloss die Augen.

Der Gottesdienst ist für mich ein Ort, an dem wir das Evangelium immer wieder neu üben können. Wir trainieren für die Welt außerhalb unserer Mauern. Dieser regelmäßige Rhythmus lässt sich schon bei Jesaja finden.

- Wir sehen Gott, genau so, wie er sich uns zeigt (Jesaja 6,1-4).
- Wir erkennen unsere Sünde an und wenden uns in Reue an ihn (Vers 5).
- Wir feiern die Versöhnung mit Gott durch das Opfer von Jesus (Verse 6-7).
- Wir werden als sein Volk für die Sendung ausgestattet (Vers 8).

Es ist beinahe die gleiche Erfahrung, die ich in den Bergen gemacht habe. Ein Zufall? Ich glaube nicht. Es ist der uns innen liegende Rhythmus. Gott hat ihn in uns hineingelegt und er kommt zutage, wenn wir ihm begegnen. Je näher wir Gott kommen, umso mehr übernehmen wir von seinem Rhythmus in unser Leben. Wie bei einem Tanz geht es bei der Nachfolge um die Beziehung der beiden Partner.

Wir sehen Gott

Gott hat uns seinen Sohn Jesus gesandt, damit wir ihn besser kennenlernen. Jesus ist Immanuel – Gott mit uns, Gott in Fleisch und Blut. Jesus eröffnete einen neuen und lebendigen Weg. Er öffnete einen dauerhaften und fortwährenden Zugang zu Gott, dem Vater, indem er ein für alle Mal sein Blut vergoss. Sein Blut ebnete den Weg zur Wiederherstellung von Gottes Beziehung zu dir und mir. Auch hier geht es um die Beziehung. Es ging schon immer um Beziehungen. Von dem Moment an, als Adam und Eva im Garten Eden sündigten, versuchte Gott, die Beziehung zu seinen Kindern wiederherzustellen. Wir konnten nicht dorthin gelangen, wo er war, also kam er durch Jesus zu uns.

Wir erkennen unsere Sünde

In der Gegenwart des heiligen Gottes sind wir, wie Jesaja, mit unserer menschlichen Sündhaftigkeit und unserer menschlichen Beschränktheit konfrontiert. Gottes Andersartigkeit, Reinheit und Güte überwältigen uns. Wir befinden uns in Ehrfurcht und Verwunderung, die Größe Gottes kann uns sogar in Angst versetzen.

Wir feiern die Versöhnung

Aber Gott hat Jesaja in diesem Zustand nicht im Stich gelassen. Allein aus Gnade entschied sich Gott, ihn mit heißer Kohle zu reinigen und zu läutern. Jesaja erfuhr in diesem Moment Gottes Gnade für sich selbst und er war nun heilig. Ebenso hat Gott uns in unserem Zustand der Sünde, des Kampfes und der Verlorenheit nicht im Stich gelassen.

Wir werden für die Sendung ausgestattet

Gott ist in Jesus Christus herabgestiegen, um unter uns zu leben, unser Leid auf sich zu nehmen, uns durch das Kreuz wiederherzustellen und uns durch die Auferstehung neues Leben und Hoffnung zu geben. Wir haben Gottes Barmherzigkeit, Gnade und Liebe empfangen, die uns befreien, um für Gott zu leben. So gehen wir aus dem Gottesdienst in die Welt hinaus. Mit dem Geist Gottes in uns und mit neuer Hoffnung und Gewissheit, dass Gott diese Welt nicht aufgegeben hat.

An diesem Abend in der Kapelle im Nirgendwo machte ich alle diese Schritte durch. Anschließend fiel ich auf mein Nachtlager und schlief beinahe augenblicklich ein. Ich warf einen letzten Blick durch ein Fenster und konnte den Sternenhimmel sehen. Er war in den letzten Tagen und Wochen zu meinem persönlichen Aushängeschild für Gottes Verheißungen geworden. Am nächsten Tag sollten wir den Berg wieder verlassen. Meter für Meter würde es nach unten und dann zurück in den Alltag gehen. Die Stille und Einsamkeit würde dem Lärm des Lebens mit Plänen, Terminen und Anforderungen weichen. Aber ich ging mit neuer Stärke. Etwas von mir war auf dem Berg bei Gott geblieben und an dessen Stelle waren neues Vertrauen und neuer Glaube getreten.

Noch einmal versank ich in Gottes Verheißungen und seinen Versprechen für ein Leben mit ihm. Es ging nicht um Reichtum, Sicherheit oder Gesundheit. All das waren nur Dinge für diese Welt. Es ging um mehr als das. Es ging um ein Leben in Gottes Nähe. Ich wollte ihm wie Abraham mit felsenfestem Vertrauen folgen, selbst wenn ich das Ziel nicht sehen konnte. Ich wollte wie Mose seinem brennend heißen Licht gegenüberstehen und ganz auf Gottes Stärke vertrauen. Ich wollte seine Stimme in der Nacht hören wie Samuel, den Mut des Hananias ergreifen und wie Jesaja immer wieder vor sein Angesicht zurückkehren. Aber vor allem wollte ich eins: davon erzählen.

Ich schloss in dieser Nacht die Augen mit der festen Gewissheit, dass endlich etwas Neues beginnen konnte.

... ZUM WACHSTUM

Gepflanzt

Es sind einige Monate vergangen. Ich sitze im Garten hinter unserem Haus. Inzwischen sagen die Leute, wenn sie mir ins Gesicht schauen, dass ich eigentlich wieder ganz gut aussehe. Und das stimmt auch. Natürlich können sie mein Inneres nicht sehen. Aber auch da hat sich einiges getan. Oder besser: Gott hat einiges getan.

»Hier bin ich« und die Auszeit auf dem Berg haben mir gezeigt, dass es genau einen Ort gibt, an den ich gesandt bin: den Ort, an dem ich gerade bin.

In mir hat sich ein übernatürlicher Friede ausgebreitet. In dem Moment, in dem ich alles losließ, war ich frei. Ich habe mich ganz Gott ergeben und bin mit einem Mal mit der Gewissheit erfüllt, dass ich mir keine Sorgen machen muss, solange ich mich an Gott hänge, denn er ist mir immer treu.

Das Gleiche gilt für dein Leben. Wenn Gott dir deine Identität geschenkt hat und dich immer wieder neu zu sich zurückruft, dann ist es egal, wo du gerade bist und was dort deine Aufgabe ist. Jeder Tag und jeder Ort deines Lebens sind ein Feld für die Mission.

Da wo du bist, kannst du von Gott gebraucht werden. Vielleicht ist es eine sehr komfortable Situation. Dann gratuliere ich dir. Vielleicht ist es eine harte Umgebung. Dann bist du da aber ebenso richtig. Oder wie Anni es immer sagt: »Unsere einzige Aufgabe ist es, hier Salz und Licht zu sein. Egal, wie schwer es manchmal ist.«

Immer wieder stellen mir gerade junge Christen die Frage nach der »richtigen Gemeinde«. Wo ist dieser eine fantastische Ort, an dem alles stimmt und an dem wir uns investieren sollen? Ganz schnell werden dann viele Punkte aufgezählt, was an dieser oder jener Gemeinde nicht passt:

- Musik zu laut
- Musik zu alt
- Musik zu neu
- Menschen zu alt
- zu wenig Menschen
- zu viele Menschen
- wenig Angebote unter der Woche
- etc.

Meine Antwort ist inzwischen ganz simpel. Da, wo du bist, bist du richtig. Ist die Gemeinde überaltert? Super, dann wirst du den Altersdurchschnitt runterziehen. Es gibt kein System für Hauskreise? Dann solltest du eines starten. Wir haben nicht die Aufgabe, uns in ein perfekt gemachtes Nest zu setzen. Gelebte Nachfolge weitet sich an deinen Orten aus. Du bist das Vorbild für ein Leben mit Gott. Du bist an deinem Ort, mit deinen Fähigkeiten und deiner erneuerten Identität, um Veränderung zu bringen. An dir werden Menschen sehen, wer Gott ist. An dir werden Menschen sehen, dass Gebet verändert. An dir werden Menschen sehen, dass Gottes Treue unendlich ist! Wie ein Stein, der ins Wasser geworfen wird, wird der Glaube sich von deinem Ort aus ausbreiten.

WIE EIN STEIN, DER INS WASSER GEWORFEN WIRD, WIRD DER GLAUBE SICH VON DEINEM ORT AUS AUSBREITEN.

Und bei einer Sache sei dir sicher: Immer wenn du deinen Glauben mit anderen teilst und ihn weitergibst, wird auch dein Glaube wachsen. Geteilter Glaube wird nie weniger. Er wird immer nur größer, da er wie eine Pflanze wächst. Als Nachfolger sind wir mit

Jesus verbunden, der als wahrer Weinstock für das Wachstum sorgt. Er sagt:

>>Bleibt in mir, und ich werde in euch bleiben. Denn eine Rebe kann keine Frucht tragen, wenn sie vom Weinstock abgetrennt wird, und auch ihr könnt nicht, wenn ihr von mir getrennt seid, Frucht hervorbringen. Ich bin der Weinstock; ihr seid die Reben. Wer in mir bleibt und ich in ihm, wird viel Frucht bringen. Denn getrennt von mir könnt ihr nichts tun. Wer nicht in mir bleibt, wird fortgeworfen wie eine nutzlose Rebe und verdorrt. Solche Reben werden auf einen Haufen geworfen und verbrannt. Doch wenn ihr mit mir verbunden bleibt und meine Worte in euch bleiben, könnt ihr bitten, um was ihr wollt, und es wird euch gewährt werden! Darin wird mein Vater verherrlicht, dass ihr viel Frucht hervorbringt und meine Jünger werdet.<<
Johannes 15,4-8

Als Nachfolger ist es unser Privileg, an diesen Orten immer wieder auf Gottes Güte und Liebe hinzuweisen. Paulus erlebte das dreißig Jahre nach seiner Begegnung mit Hananias an einem traurigen Ort.

Das Ende der Glaubensmüdigkeit

>>Das habe ich gesucht!<<

Diesen Satz hörte ich mehr als nur einmal, wenn ich mit Menschen über meine Erlebnisse sprach und ihnen die einzelnen Aspekte des >>Hier bin ich<< zeigte. Die Fragen nach Heimat, Handeln und Identität waren und sind so prävalent, dass viele dieser Gespräche einen Anknüpfungspunkt für Glaubensfragen boten.

Natürlich war es an sich nichts Neues. Es war Nachfolge. Ganz klassisch. Aber wir hatten eine Sprache für uns gefunden. Also taten wir uns zusammen. Wir fingen simpel an, kamen aber bald zu den entscheidenden Fragen: Wenn ich mich und mein christliches Leben mit den Berichten der Bibel vergleiche, würde ich mich dann als Christ bezeichnen? Würde Jesus das Christentum, das wir landauf, landab in Gemeinden erleben, von dem wir in kirchlichen Pressemitteilungen lesen und das wir in unserer stillen Zeit erfahren, als christlich identifizieren? Oder behandeln wir das große Festmahl des Glaubens als nette Garnitur neben dem eigentlichen Braten? Ist unsere Nachfolge eine ernsthafte Angelegenheit oder ein Hobby?

Eines war uns schnell klar: Wenn wir das Neue Testament lesen, sehen wir, dass das Christentum viele Dinge beinhaltet. Aber eines ist es nicht: eine Wochenendoption zwischen Fußballtraining und einem Ausflug in die Natur.

Ich bin nicht gegen Sport oder Wochenendausflüge. Aber ich glaube, dass das echte Christentum eine wundervolle Macht ist, die so groß ist, dass sie uns über unsere kleinen Berechnungen hinausbringt. Wirkliche Nachfolge wird uns nicht nur besser erscheinen, sondern uns sogar daran zweifeln lassen, dass sinnloses Rumliegen auf der Couch mal nach einem angenehmen Wochenende geklungen hat.

Die ersten Christen sahen sich etwas Unglaublichem gegenüber, einer Realität, größer, als sie es sich jemals hätten vorstellen können. Nicht von dieser Welt und zugleich doch näher an unserem Herzen als irgendetwas anderes. Echtes Christentum ist allumfassend. Aber ist das unser Christsein?

Beschreiben diese Sätze unseren Alltag in der Gemeinde? Ich habe mich das in den letzten Jahren oft gefragt. Immer wieder spiele ich diese Erlebnisse, von denen das Neue Testament berichtet, durch und komme eigentlich nur zu einem Schluss: Christsein ist vieles, aber nichts für zwischendurch. Umkehr ist nicht bloß der Moment, an dem Gott ein wenig Glitzerstaub über unseren Alltag streut. Bei echter Nachfolge geht es nicht darum, alles zu machen wie immer und dabei einfach ein bisschen heiliger auszusehen. Christsein ist ein Paradigmenwechsel für unsere ganze Existenz. Es tun sich neue Kategorien und Möglichkeiten auf. Das sehe ich immer wieder auf den Seiten der Bibel.

Auf meiner Suche nach dem Inhalt des »Hier bin ich« habe ich natürlich auch immer wieder alle möglichen anderen Texte der Bibel gelesen. Gott spricht auf jeder einzelnen Seite. Fügt man die Texte zusammen, entsteht das große Gespräch Gottes mit uns.

Paulus drückt diesen Paradigmenwechsel im Epheserbrief knapp dreißig Jahre nach seiner Begegnung mit Hananias auf eine wundervolle Art und Weise aus. Er fasst in Worte, was Menschen über die Jahrhunderte hinweg erlebt haben, wenn Gott in ihr Leben getreten ist. Und er wendet sich mit drei Bitten für alle Christen zu allen Zeiten an Gott. Im Fokus steht eine Tatsache: Gott bereitet uns auf sich selbst vor:

Ich kann nur meine Knie beugen vor Gott, dem Vater, dem Vater von allem, was im Himmel und auf der Erde ist. Ich bete, dass er euch aus seinem großen Reichtum die Kraft gibt, durch seinen Geist innerlich stark zu werden. Und ich bete, dass Christus durch den Glauben immer mehr in euren Herzen wohnt und ihr in der Liebe Gottes fest verwurzelt und gegründet seid. So könnt ihr mit allen Gläubigen ihr ganzes Ausmaß erfassen, die Breite, Länge, Höhe und Tiefe. Und ihr könnt auch die Liebe erkennen, die Christus zu uns hat; eine Liebe, die größer ist, als ihr je begreifen werdet. Dadurch wird euch der Reichtum Gottes immer mehr erfüllen. Durch die mächtige Kraft, die in uns wirkt, kann Gott unendlich viel mehr tun, als wir je bitten oder auch nur hoffen würden. Ihm gehört alle Ehre in der Gemeinde und durch Christus Jesus für alle Zeit und Ewigkeit. Amen.

Epheser 3,14-21

In diesen Worten des Apostels Paulus habe ich die drei Momente gefunden, die mich dem Ziel einen Schritt näher gebracht haben: ein gelebtes Christentum, das nicht auf der Stelle tritt. Ohne Glaubensmüdigkeit und mit unbändigem Vertrauen.

Kernbrennstoff in billigen Papiertüten

Seit einiger Zeit gibt es kaum noch Plastiktüten an der Kasse im Discounter. Prinzipiell finde ich das super. Zumindest abgesehen von der Alternative, wenn man gerade keine Stofftasche dabei hat. Stattdessen kann man nun nämlich diese einfachen, braunen Papiertüten kaufen, die mit Mühe und Not den Weg von der Kasse zum Parkplatz überstehen. Man könnte auch sagen: Diese Tüten sind für ihr gedachtes Einsatzgebiet ein wenig zu schwach. Ich kann kaum zählen, wie viele Tüten mir schon wenige Meter vor meinem Auto gerissen sind. Mal ist es der Henkel, mal der Boden der Tüte. Am Ende kullert auf jeden Fall immer irgendetwas über den Parkplatz und ich laufe hinterher und bete, dass wenigstens die zweite Tüte ganz bleibt.

Paulus betet in Epheser 3,16, dass wir nach dem Reichtum der Herrlichkeit Gottes »durch seinen Geist innerlich stark« werden. Das sind nicht bloße Worte. Es ist ein Flehen nach Stärkung. Und das aus gutem Grund. Er bittet um Stärkung, damit »Christus durch den Glauben immer mehr in euren Herzen wohnt.«

Es ist nicht einfach für normale Menschen wie dich und mich, wenn der auferstandene Christus in unsere winzigen Herzen das neue Gefühl und Wissen legt, dass er real ist, jenseits all unserer Vorstellungskraft. Ich stelle es mir so vor: Wenn ich ein Stück weiß glühenden Kernbrennstoff in eine Papiertüte vom Discounter lege, muss diese verstärkt werden, um den Brennstoff aufzunehmen.

Vielleicht sträubt sich etwas in dir, wenn du dir dieses Bild vor Augen malst, und du denkst: »Ich möchte nicht unbedingt mit glühendem Kernbrennstoff gefüllt werden...« Auf den Seiten dieses Buches hast du an vielen Stellen über Dinge und Zustände gelesen, die für unseren Verstand zu hoch sind. Gottes Wort an uns. Seine Rechtfertigung, die wir nur aus Gnade bekommen. Seine Herrlichkeit, die alles übersteigt. Ich kann es nur so sagen: Bei Gott mache ich die Erfahrung einer Liebe und Herrlichkeit, die alles übersteigt. Selbst meine Fähigkeit, Worte aneinanderzureihen, kommt hier nicht mehr hinterher. Im Glauben vergewissert zu werden, ist eine Erfahrung, die mit nichts zu vergleichen ist. Gottes Größe ist einmalig und die arme Hülle meines Körpers beginnt zu zittern, wenn ich mir vorstelle, dass der Schöpfer des Universums in meiner Nähe sein möchte. Es ist ein schier wahnsinniges Unterfangen. Selbst jetzt beim Schreiben zittern meine Hände.

Bei allen Schätzen und allem Segen, den ich durch den Glauben erfahren durfte, bleibt eine Wahrheit doch bestehen: Christus macht unser Leben nicht einfacher. Er macht unser Leben wunderbar härter. Alle Menschen in diesem Buch haben dieses Paradox erlebt: Gottes Zuwendung ist das großartigste Erlebnis und zugleich die alles aus den Fugen reißende Realität, die unser Leben auf den Kopf stellt. Gott ist uns mit einer so großen Liebe nahe, dass wir Kraft brauchen, um ihn zu erleben.

Überwältigende Liebe

Unser Kirchengebäude ist ziemlich alt. Sonntagmorgens stehe ich auf Steinen, die vor über achthundert Jahren als Fußboden gelegt wurden. Unzählige Pastoren haben vor mir auf diesen Stufen gestanden und das Evangelium gepredigt. Dazu kommen noch die

Bänke. In jeder einzelnen haben Menschen gelacht, geweint, getrauert, gebetet und gesungen. Der Raum ist förmlich aufgeladen mit dem Glauben und der Geschichte dieser Kirche und der Menschen, die in ihr ein Zuhause gefunden haben. Jeden Sonntag bewege ich mich zwischen Steinen und Brettern mit langer Tradition und Glaubensgeschichte. Aber nicht nur sonntags genieße ich diese Atmosphäre.

Einer der Vorteile meines Berufes ist, dass ich den Schlüssel zur Kirche habe. Nicht in einem krypto-katholischen Sinn, sondern einfach ganz real. Der Kirchenschlüssel hängt bei mir zu Hause am Schlüsselbrett. Und ich liebe es, alleine auf einer Kirchenbank zu sitzen, wenn niemand da ist, der mich beim Gebet stören könnte. Schon oft bin ich nachts über den Friedhof in die Kirche gegangen, um bei Gott zu sein. Ich weiß, dass ich das zu Hause ebenso kann, aber der Ortswechsel fokussiert mich noch einmal ganz neu.

Wenn ich nachts in unserer kleinen Dorfkirche sitze, fühle ich mich frei. Kein Mensch stellt Erwartungen an mich, niemand ist unzufrieden mit mir oder meinen Entscheidungen. Ich kann einfach in der Gegenwart Gottes sitzen. Ich habe auf dem Berg gelernt, dass ich mit geistlichen Spielchen bei Gott nicht sehr weit kommen werde. Gott spielt keine Spiele. Jedes Mal, wenn ich es versucht habe, waren die Einzigen, die mitgespielt haben, ich, ich und ich.

GOTT SPIELT KEINE SPIELCHEN.

Bei Gott gibt es kein »vielleicht«. Es gibt keine lauwarme Nachfolge. Wenn ich ihn wirklich kennenlernen will, muss ich meine Beziehung zu ihm ernster nehmen als alles andere. Ich habe meine Nächte auf dem Berg mit in dieses uralte Gebäude genommen.

Paulus betet in Epheser 3,17, dass wir in »der Liebe Gottes fest verwurzelt und gegründet« sind. Mit anderen Worten, dass wir unter unseren Füßen das solide Fundament seiner unveränderlichen Liebe zu uns spüren.

Anschließend betet Paulus, dass wir mit allen Gläubigen das genaue Ausmaß dieser Liebe erfassen mögen – nicht abseits von anderen Christen, sondern in Gemeinschaft. Da ist die Breite der Liebe Christi, die alles umfasst. Die ewige Länge seiner Liebe. Die Höhe seiner Liebe, die sogar unsere schlimmsten Sünden übertrifft. Die Tiefe seiner Liebe, die uns sogar aus den tiefsten Momenten unseres Versagens herausholt. Darin sind wir verwurzelt, um zu wachsen. Gottes Liebe ist der Boden, auf dem unsere Nachfolge, unser Leben und unsere Gemeinschaft wachsen sollen.

Und Paulus betet, dass wir diese Liebe Christi mit jedem Herzschlag erkennen und uns über unsere eigenen kleinen Gedanken und Erwartungen hinausführen lassen.

Der Apostel zeichnet ein regelrechtes Planquadrat, wie im schulischen Mathematikunterricht. Egal, an welchen Ort dieses Quadrates ich blicke, überall ist die Liebe Gottes und erwartet mich. Damit ist ein Kernpunkt des Evangeliums erreicht: Gottes Liebe ist so groß, nichts kann mich von ihr trennen. Doch nicht nur ich, sondern auch die christlichen Brüder und Schwestern in meiner Nähe und auf der ganzen Welt und zu allen Zeiten können nicht von ihr getrennt werden. Egal, ob ich am Sonntagmorgen mit der Gemeinde in der Kirche stehe oder nachts mit der Gemeinschaft der Heiligen bete: Ich trete in die alles übersteigende Liebe Christi ein, die sein ganzes Volk umgibt.

Die Fülle Gottes in unserem Leben

Paulus betet, dass wir mit dem ganzen Reichtum, mit der ganzen Fülle Gottes erfüllt werden. Nachfolge sorgt automatisch dafür, dass die Dinge dieser Welt ihren Reiz verlieren. Die sündigen Dinge, aber ebenso die schönen, da selbst sie überstrahlt werden von der Kraft

Gottes. Wir werden in allem, was Gott für uns ist, derart zufrieden sein, dass wir in Gott unser ganzes Glück finden.

Dieses frühchristliche Gebet von Paulus zeichnet das Bild eines echten, ursprünglichen Christentums. Paulus hat diese Worte aller Wahrscheinlichkeit nach in einer Gefängniszelle geschrieben. Vielleicht drang nicht mehr als ein einziger Sonnenstrahl durch einen Spalt in einer Ziegelwand und durchbohrte die Dunkelheit seiner Zelle. Alles war düster und nach allen menschlichen Maßstäben war der Zustand von Paulus ebenfalls düster und wie geschaffen für eine dunkle innere Verzweiflung.

Und trotzdem war da vielleicht dieser einzelne Lichtstrahl, dem Paulus zurück bis zur Sonne folgen konnte. Obwohl er im Dunkeln saß, war das Licht da. Nachts konnte er durch das kleine Loch ein wenig vom Sternenhimmel sehen und dachte an die Worte, die Gott zu Abraham gesprochen hatte. Paulus sah an Abrahams Beispiel die Größe der göttlichen Gnade:

> Abraham war seiner Herkunft nach der Stammvater unseres jüdischen Volkes. Durch was wurde er nun gerettet? Nahm Gott ihn etwa aufgrund seiner guten Taten an? Wäre es so, dann hätte er Grund, stolz zu sein. Doch aus der Sicht Gottes hatte Abraham dazu keinen Anlass. Denn was steht in der Schrift? »Abraham glaubte Gott; und Gott erklärte ihn wegen seines Glaubens für gerecht.«
>
> Römer 4,1-3

Nachfolge bedeutet einzig und allein die Antwort auf Gottes Handeln an uns. Gott kommt immer zuerst. So wie ein einzelner Strahl von der Sonne ausgehen und eine Gefängniszelle in warmes Licht tauchen kann, so taucht Gottes Gnade unsere kalten Herzen in ein neues Licht und taut sie auf, damit wir ihn und unsere Mitmenschen lieben können.

Paulus verzweifelte nicht daran, wie klein sein Licht war, sondern freute sich darüber, wie groß die ultimative Quelle dieses Lichts war, denn am Ende des Lichts wartete nichts anderes als Gottes Herrlichkeit. Es ist eine Herrlichkeit, die uns als Botschafter der Gnade in die Welt hinausschickt. Begeben wir uns also auf die letzten Meter unserer Reise.

... OHNE MASKEN

Ein neuer Lebensstil

In unserem Regal stapeln sich Bücher über Kindererziehung. Einige haben wir gekauft, viele haben wir von Freunden geliehen, als Anni schwanger wurde. Immerhin beginnt von da an ein ganz neues Leben. Ich habe nur einen Bruchteil der Bücher gelesen. Eine Sache weiß ich aber: Die Autoren gehen immer davon aus, dass Mütter den leichtesten Schlaf aller Zeiten haben und Väter nicht einmal von einem Erdbeben wach werden würden.

Titus schläft jetzt in einem Stubenwagen neben unserem Bett. Auf Annis Seite. In den Wochen nach seiner Geburt bin ich bei jeder noch so kleinen Bewegung aufgewacht. Dann bin ich zu seiner Wiege gegangen, um zu schauen, ob alles in Ordnung ist. Ich bin auch manchmal aufgewacht, wenn er sich nicht bewegt hat. Dann bin ich auch zu seiner Wiege gegangen, um zu schauen, ob noch alles in Ordnung ist. Ich war nachts viel unterwegs. Eine Sache habe ich aber immer gemacht, egal, ob er wach war oder nicht. Ich habe meine Hand auf seine Brust gelegt und für ihn gebetet.

Wenn wir in der Küche sitzen und essen wollen, nehmen Anni und ich Titus an die Hand und beten zusammen. Auch wenn er noch nicht einmal ein halbes Jahr alt ist, soll er von Anfang an mit dabei sein.

Eine Bekannte fragte einmal: »Was nützt das? Er kann die Worte ja weder verstehen noch weiß er, was da passiert.« Aber das ist egal. Denn schließlich müssen auch wir für das Beten wieder zum Kind werden.

Wie fängst du an, wenn du ein aktives Gebetsleben aufbauen willst? Am besten mit dem Gefühl der Hilflosigkeit. Das ist nämlich notwendig. Das Gefühl, dass du völlig unfähig bist, das Leben allein zu führen, das Leben ohne Jesus zu führen. Gott muss in allen Einzelheiten deines Lebens aktiv sein. Ich glaube, das ist ein wichtiger Grund, warum Jesus uns sagt, wir sollen wie kleine Kinder sein.

> Eines Tages brachten einige Eltern ihre Kinder zu Jesus, damit er sie berühren und segnen sollte. Doch die Jünger wiesen sie ab. Als Jesus das sah, war er sehr verärgert über seine Jünger und sagte zu ihnen: »Lasst die Kinder zu mir kommen. Hindert sie nicht daran! Denn das Reich Gottes gehört Menschen wie ihnen. Ich versichere euch: Wer nicht solchen Glauben hat wie sie, kommt nicht ins Reich Gottes.« Dann nahm er die Kinder in die Arme, legte ihnen die Hände auf den Kopf und segnete sie.
>
> Markus 10,13-16

Wie gern würde ich wie ein Kind beten! Was muss das für ein Segen für die Nachfolge sein! Mein Leben verlief früher nämlich oft ganz anders. Heute ist es oft so: Ich stehe aus dem Bett auf und bete. Es dauert nicht lange, bis meine Gedanken beginnen, zu allen möglichen meiner Probleme zu wandern. Ich kann mich kaum auf mein Gebet konzentrieren, weil eins nach dem anderen auf mich einprasselt.

Wenn ich dann denke, dass da etwas nicht stimmt, habe ich recht. Ich brauche Jesus. Ein Kind im Gebet zu sein, bedeutet, einfach zu ihm zu kommen. Versuch nicht, im Gebet die geistliche Maske aufzusetzen. Du kannst mit Gott über alles reden, was dir auf dem Herzen liegt, also komm einfach so, wie du bist. Sei schwach und offen im Gebet vor Gott. Wir müssen die Hilflosigkeit lernen. Ganz so wie ein Kind.

Trotz seiner Einfachheit ist das Gebet immer noch irgendwie mystisch. Seit Jahren kämpfen viele von uns mit dem Gefühl, dass wir nicht richtig oder oft genug beten. Besonders wenn man lange gebetet hat und nichts passiert, hat man leicht das Gefühl, das Ziel verfehlt zu haben. In der Abgeschiedenheit der Berge und der Nähe Gottes war ich zu einem Gebet gekommen, das mich ganz auf Gott ausrichtete. Als ich wieder zurückgekehrt war, setzte ich daher alles daran, in der Nachfolge und in meinem Gebetsleben zu wachsen. Aus einer Idee wurde ein Lebensstil.

Wenn die Nachfolge und das Gebet ein Lebensstil sind, gibt es weniger Raum für Zweifel und Angst. Das bedeutet nicht, dass ich diese Gefühle nicht mehr erlebe oder nicht mehr erleben möchte. Angst und Zweifel können wertvoll sein. Bloß nicht, wenn ich Gott gegenüberstehe.

Nach meiner Rückkehr erlebte ich immer wieder Momente, in denen ich wie von alleine die Augen schloss, um für einen Moment zu beten: »Hier bin ich. Sende mich.« Es war meine Antwort an Gott auf die Situation, in die er mich gestellt hatte. Ich wusste, dass er bei mir war. Dass er mich errettet hat, um ihm in genau dieser Situation meines Lebens zu dienen. Es ist eine Ehre und mein Vorrecht als Christ, so bei Gott zu sein.

So funktioniert die Nachfolge. Gott ist in meinem Leben aktiv. Ich habe keine Kontrolle über meine Geschichte. Das mutigste Gebet tut sich auf, wenn ich mich ihm ganz anvertraue.

Beten ist Beziehung zu Gott. Das ist die Geschichte meines Lebens. Regelmäßig fallen mir Dinge ein, über die ich beten muss. Ich komme mit den großen und den kleinen Dingen zu ihm. Es ist eine andere Art, die Dinge zu tun. Es ist keine mystische Blackbox, die man aufschließen muss, und Gott ist auch keine Wunschmaschine, die ich nur lange genug zu füttern brauche.

Gott ist lebendig und er ist auf eine Beziehung mit mir aus. Die Aktivität des Betens erinnert mich immer wieder an diese Beziehung, und je weiter die Beziehung wächst, umso stärker wird mein

Vertrauen. Schritt für Schritt lerne ich, dass ich Gott ganz vertrauen und bei ihm meine Masken ablegen kann. Ich kann ich selbst sein.

Weg mit den Masken

Mein Leben war immer ein gutes Stück von Masken bestimmt. Ich hatte in der Schule welche auf, um cool zu wirken und Freunde zu haben. Ich hatte im Studium welche auf, um mir bei liberalen Professoren nicht die Noten zu versauen. Ich hatte in der Gemeinde welche auf, weil ich nicht schwach erscheinen wollte. Nun war es an der Zeit, die Masken abzulegen.

Hier ist ein Vergleich von Batman und Superman angebracht. Batman setzt seine Maske auf, um zum Held zu werden. Bei Superman ist es umgekehrt. Wenn er seine Maske aufsetzt, wird er zu Clark Kent. Ohne Maske ist er echt.

Jesus erlaubt uns in der Nachfolge, die Maske abzunehmen. Wann auch immer du sie das erste Mal aufgesetzt hast – als du als Kind gemobbt wurdest; als du in der Schule immer wieder für dumm oder uncool erklärt wurdest; als dir von anderen Christen der Glaube abgesprochen wurde; oder als du angefangen hast, deine Schwäche aus Scham vor der Welt zu verstecken – Gott fordert dich auf, diese Maske abzunehmen. Du brauchst sie nicht mehr. Nimm sie ab und sage: »Hier bin ich.«

GOTT WEISS ALLES UND WARTET BLOSS AUF DEINE EHRLICHKEIT.

Du antwortest einem Gott, der dich eh ohne Maske kennt. Er schaut in dein Herz. Es gibt nichts, was du vor ihm verheimlichen oder was du ihm verschweigen könntest. Er weiß alles und wartet bloß auf deine Ehrlichkeit.

Das ist das große Geschenk Gottes an dich und durch dich wiederum an die Welt. Zu Abraham sagte Gott: »Ich will dich segnen…

Ich will dich zum Segen für andere machen« (Genesis 12,2). Zu dir sagt er das Gleiche. Als Nachfolger bist du ein Werkzeug für Gottes Segen. Es stimmt: In unserer Werkzeugkiste des Glaubens gibt es ganz schön schräges Werkzeug. Krumme Nägel, eine rostige Zange und vielleicht auch ein stumpfes Messer. Aber der Handwerker, der uns nutzt, kennt sein Handwerk nur zu gut. Er kann durch uns alles erreichen. Egal, wie schwach oder krumm wir sind. Dramatisch wird es nur, wenn das krumme Werkzeug meint, nicht mehr auf den Handwerker angewiesen zu sein.

Gott hat uns an einen Ort der Intimität berufen, an dem niemand hinsieht, an dem es keine großen Entscheidungen zu treffen gibt, an dem es nur ihn und mich in einem Hotelzimmer, einem Bahnabteil, einem stillen Kämmerlein gibt. Da ist niemand, für den man beten kann, niemand, zu dem man predigen kann. Dort lernt man Gottes Herzschlag. Dort lernt man die Präsenz. Dort lernt man die Stimme. Es geschieht in den Momenten, in denen niemand zuschaut, niemand bewertet, wie gut man sich macht. Wenn es nur mich und ihn gibt.

Christen, die aus dem leben, was sie wirklich sind, können nicht durch die Meinung anderer gelähmt werden. Sie arbeiten nicht mehr daran, sich den Erwartungen anderer Menschen anzupassen. Sie brennen mit der Erkenntnis, wer der Vater sagt, dass sie sind.

Die Stellenbeschreibung eines Nachfolgers

Stell dir eine Gruppe von Menschen vor. Du musst unter ihnen diejenigen auswählen, die am ehesten eine zentrale Rolle in Gottes Plänen für die Menschheit spielen. Würde dir das leichtfallen?

Die brennende Frage dabei wäre: Was charakterisiert einen Nachfolger von Jesus?

Je nachdem, wen man fragt, wird man unterschiedliche Antworten bekommen, die sich aber wahrscheinlich in einem Punkt ähneln werden: Es sind besondere Menschen. Menschen mit besonderen Fähigkeiten, Talenten. Wahrscheinlich sogar Menschen mit einer besonders weißen Weste. Immerhin geht es um das Himmelreich!

Stell dir also vor, dass dir eine Gruppe von Menschen gegenübersitzt. Sie fühlen sich so wohl bei dir, dass sie sich öffnen und ihre dunkelsten Geheimnisse mit dir teilen. Ein Mann erzählt, dass er nach einer Nacht starken Alkoholkonsums von seinem eigenen Sohn sexuell gedemütigt wurde. Ein anderer gesteht, dass er seine Frau einem anderen Mann zum Sex gegeben hat. Seine Frau wiederum erzählt, dass sie ihren Mann mit einer anderen verkuppelt hat, um ihren eigenen Sehnsüchten ein wenig näherzukommen. Ein weiterer hat es geschafft, dass der Mann seiner Angebeteten durch einen scheinbaren Zufall gestorben ist. Ein vierter hat einen Mann ermordet und ist immer noch auf der Flucht vor dem Gesetz. Eine Frau arbeitet als eine Prostituierte. Ein anderer hat einen von Gewalt geprägten Lebensstil – er hat sogar Menschen getötet, um seine Freundin und seinen zukünftigen Schwiegervater zu beeindrucken. Wieder ein anderer hat sich hinter einer Frau versteckt, als es darum ging, sich in seinem Job ganz einzusetzen und etwas zu riskieren. Noch ein anderer gesteht, dass er seinen Bruder um sein Erbe betrogen hat.

Könntest du sie für Gottes Pläne gebrauchen? Ich hoffe es, denn es sind die Helden des Glaubens, die in Hebräer 11 beschrieben werden.[3] Auf gewisse Weise ist es seltsam, dass Gott in dieser Welt vor allem durch kaputte Menschen handelt. Andererseits auch nicht. Immerhin findet er keine anderen.

Gott sendet kaputte Menschen wie uns zu den Menschen, die ihn brauchen. Er hat niemanden anderes als dich und mich. Und aus eben diesem Grund stattet er uns mit dem aus, was wir brauchen. Aus diesem Grund gehen wir den Weg des »Hier bin ich«. Aus diesem Grund wachsen wir im Glauben. Gott beruft, reinigt und segnet uns, damit andere Menschen von ihm erfahren können.

Du bist ein nicht wegzudenkendes Element in seinem Plan. Egal, wie klein und unbedeutend du dich an manchen Tagen fühlst, Gott sieht schon jetzt das Potenzial in dir, das er hervorrufen wird.

... ZU DEN MENSCHEN

Gott hat die Welt so sehr geliebt, dass er dich geschickt hat

Wie du mich in die Welt gesandt hast, so sende ich sie in die Welt. Und ich gebe mich ganz für sie hin, damit auch sie durch die Wahrheit ganz dir gehören. Ich bete nicht nur für diese Jünger, sondern auch für alle, die durch ihr Wort an mich glauben werden.

Johannes 17,18-20

Es besteht kein Zweifel: Wer Jesus nachfolgt, ist zugleich gesandt. Indem wir uns mit Jesus identifizieren, sind wir nicht nur nicht von dieser Welt, sondern werden auch auf erlösende Mission in diese Welt zurückgeschickt, denn unsere Welt ist ein Ort auf der Suche nach Hoffnung. Jesus sagte:

»Mir ist alle Macht im Himmel und auf der Erde gegeben. Darum geht zu allen Völkern und macht sie zu Jüngern. Tauft sie im Namen des Vaters und des Sohnes und des Heiligen Geistes und lehrt sie, alle Gebote zu halten, die ich euch gegeben habe. Und ich versichere euch: Ich bin immer bei euch bis ans Ende der Zeit.«

Matthäus 28,18-20

Mich fasziniert und beruhigt dieser Text immer wieder aufs Neue. Es ist unser Auftrag, gerahmt von der Offenbarung der Macht von Jesus und von der Verheißung seines Beistands. Was sollten wir fürchten? Was wollte uns in der Welt mit ihrer Dunkelheit Angst machen? Wir haben das Licht der Welt auf unserer Seite! Nach der

Auferstehung hat der Vater ihm alle Macht zurückgegeben. Nichts kann uns von ihm trennen. Nichts kann seinen Plan aus den Angeln heben. Deshalb schickt er dich und mich. Wir wachsen im Glauben, Menschen lernen ihn kennen und er bekommt die Ehre.

Zu wem hat Gott dich gesandt? Die Menschen in deiner Familie, in deiner Straße, in der Nähe deines Büros sind nicht zufällig da. Gott hat sie liebevoll in die Reichweite von Vergebung, Hoffnung und Freude gebracht – indem er dich in ihre Nähe gestellt hat. Vor hundert Jahren waren sie nicht am Leben, aber jetzt sind sie es. Wenn wir hundert Jahre warten, werden sie nicht mehr da sein. Aber jetzt sind sie es. Nachfolge ist nur in der Gegenwart möglich. Gott hat jeden Menschen in deinem Leben zu seiner Ehre platziert, so wie er die gesamte Menschheitsgeschichte über Tausende von Jahren vor der Ankunft Christi und danach geleitet hat – und dann hat er dich genau dorthin geschickt, wo du bist, damit du ihm antwortest: »Hier bin ich. Sende mich.«

Mit leichtem Gepäck reisen

Die wirklich gute Nachricht ist, dass wir auf dieser Erde nicht zu Hause sind. Wir sind Fremde in dieser Welt. Zuerst mag das herausfordernd klingen, aber es ist vor allem eine Befreiung. Als Fremde können wir mit leichtem Gepäck reisen, denn wir werden nichts von hier mitnehmen.

Als Fremde verschwenden wir keine Zeit und Ressourcen, um uns in dieser Welt ein perfektes Zuhause einzurichten und es gegen den Schmutz der Welt zu verteidigen, weil eine ganz andere Heimat auf uns wartet.

Der englische Schriftsteller und Christ C.S. Lewis sagte: »Wenn wir in uns selbst ein Bedürfnis entdecken, das durch nichts in dieser

Welt gestillt werden kann, dann können wir daraus schließen, dass wir für eine andere Welt erschaffen sind.«

Du wirst den Ort, an den du beim Wort »Hier« denkst, nie ganz im Griff haben. Du bist nämlich nicht für diese Welt geschaffen. Auch dein »bin« und dein »ich« hast du nie ganz im Griff. Alle drei Bereiche sind von Gott abhängig.

An seinem letzten Abend mit den Jüngern gibt Jesus ihnen die folgende Wahrheit mit auf den Weg:

> **»Habt keine Angst. Ihr vertraut auf Gott, nun vertraut auch auf mich! Es gibt viele Wohnungen im Haus meines Vaters, und ich gehe voraus, um euch einen Platz vorzubereiten. Wenn es nicht so wäre, hätte ich es euch dann so gesagt? Wenn dann alles bereit ist, werde ich kommen und euch holen, damit ihr immer bei mir seid, dort, wo ich bin. Ihr wisst ja, wohin ich gehe und wie ihr dorthin kommen könnt.«**
> **»Nein, Herr, das wissen wir nicht«, sagte Thomas. »Wir haben keine Ahnung, wo du hingehst; wie können wir da den Weg kennen?«**
> **Jesus sagte zu ihm: »Ich bin der Weg, die Wahrheit und das Leben. Niemand kommt zum Vater außer durch mich. Wenn ihr erkannt habt, wer ich bin, dann habt ihr auch erkannt, wer mein Vater ist. Doch von nun an kennt ihr ihn und habt ihn gesehen!«**
>
> **Johannes 14,1-7**

Was für mächtige Worte! Kurz vorher hat Jesus das Leben seiner Jünger vollständig durcheinandergeworfen. Er hat ihnen gesagt, dass er am nächsten Tag festgenommen werden wird. Und nicht nur das: Einer aus ihrer Gruppe wird ihn verraten. Sogar Petrus wird ihn verleugnen. Unter den Jüngern bricht Angst und Unsicherheit aus.

Jesus tut in dieser Situation das einzig Richtige: Er gibt den Jüngern eine unzerstörbare Hoffnung. Bei allem, was ihnen bevorsteht, sollen sie wissen, dass ihr Zuhause und ihr finales Ziel nicht auf dieser Erde zu finden sind. Sie sind für einen anderen Ort geschaffen. Sie sind für ein größeres Zuhause geboren worden. Und Jesus wird ihnen vorangehen, um es vorzubereiten.

Für die Jünger beginnt einige Wochen später eine unglaubliche Reise. An Pfingsten werden sie mit der Kraft des Heiligen Geistes ausgestattet und erfahren neuen Mut und neue Hoffnung. Sie gehen – überzeugt von der Hoffnung, dass Jesus für sie zum Vater vorausgegangen ist – zu den Menschen und laden sie zu einem Leben mit Gott ein. Sie wissen, dass jetzt die Zeit ist, Gott zu vertrauen und alles auf eine Karte zu setzen.

Ebenso hat Gott bei dir für Heimweh gesorgt. Was du in dir spürst, ist nicht die Sehnsucht nach einem Ort auf dieser Welt. Es ist die Sehnsucht nach Gott. Dein Zuhause wird dir immer wieder durch die Finger gleiten, weil du für eine andere Welt geschaffen bist. Am ehesten wirst du hier einen Vorgeschmack dessen erleben, was noch kommen wird. Deshalb solltest du lieber dafür sorgen, dass du mit deinem Heimweh nicht alleine bleibst. Das ist deine Berufung als Nachfolger.

Nachfolger sorgen dafür, dass andere Menschen Heimweh bekommen. Kein Heimweh nach einem Ort in dieser Welt, sondern Heimweh nach Gott.

Eine andere Berufung

Zu kaum einem anderen Thema werden mir von Jugendlichen so viele Fragen gestellt wie zum Thema Berufung. Das ist schade, da meine theologische Antwort zum Thema Berufung recht simpel ist: Es ist eigentlich egal, wozu du berufen bist. Verschwende nicht allzu viel Zeit mit der Suche nach einer Antwort.

Ich habe keine Ahnung, wie die Begegnung von Hananias und Paulus weitergegangen ist. Hananias taucht in der Bibel nicht noch einmal auf. Wir wissen nicht, ob er später große Dinge in der Kirche und in der Welt getan hat. Vielleicht waren er und Paulus noch zeitlebens Brieffreunde. Möglich wäre es. Aber soweit wir wissen, verschwand dieser Mann aus dem Leben des Paulus auf dieselbe Weise, wie er von den Seiten der Bibel verschwindet.

Hananias hatte einen Moment, der seine Berufung kennzeichnete. Er war aufgeregt. Er war ängstlich. Er wusste nicht, ob er die richtigen Worte finden würde, wenn er erst einmal vor Paulus stand. Für uns ist es oft nicht anders. Wir treffen Menschen, finden Worte – mal mehr schlecht als recht – und hoffen das Beste. Eines meiner ständigen Gebete vor und nach Gottesdiensten ist, dass Gott seine Botschaft in den Herzen der Menschen verankert und mein ganzes Rundherum einfach verschwinden lässt. Aber am Ende ist fast jede Begegnung gleich: Wir sagen etwas und dann verschwinden wir aus dem Leben des anderen und es gibt weniger als ein paar Zeilen, die in Büchern über uns geschrieben werden, um unsere Geschichte für die nachfolgenden Generationen aufzuzeichnen.

Die Wahrheit ist: Wir sind nicht alle dazu berufen, der neue Paulus zu sein. Ebenso wenig sind wir berufen, der neue Mose zu sein. Wir werden nicht alle vorn stehen und die Menge anführen. Wir werden nicht alle noch in Hunderten von Jahren für den Anteil, den wir an der Ausbreitung des Glaubens hatten, erinnert werden. Wir werden nicht alle mit einem brennenden Dornenbusch reden, das Volk durch die Wüste führen oder mit einem Blinden beten, damit er wieder sehen kann. Aber wir alle sind berufen, Hananias zu sein. Als Christen leben wir, damit wir Licht in Beziehungen bringen und Wellen von Gottes Liebe von uns ausgehen können. Das ist eine allgemeine und generelle Berufung. Du bist berufen, Licht zu sein, und es ist egal, an welchem Ort oder in welchem Beruf du das tust.

Gott hatte dich im Sinn, als er dich schuf. Er wusste genau, was er tat. Du, dein Körper, dein Geist und deine Umstände sind kein Zufall. Ja, er ist sich deiner Unzulänglichkeiten bewusst, und ja, er ruft dich auf, in der Gnade zu wachsen. Aber Gott erwartet oder beabsichtigt nicht, dass du jemand anderes bist. Er will auch nicht, dass du dem Weg eines anderen folgst. Du gehst deinen Weg der Berufung, weil du ein einmaliges Kind des Höchsten bist. Im Glauben bist du nicht mehr nur ein Geschöpf Gottes, sondern ein Kind Gottes (Galater 3,26). Du gehörst zu der großen weltweiten Familie.

Jesus möchte, dass du du selbst bist. Der Glaube, den Jesus dir schenkt, ist ausreichend für den Weg, den er dir gibt. Und die Gnade, die er dir gibt, um deinen Prüfungen zu begegnen, wird für dich ausreichen, wenn die Not kommt.

Du bist dein wahres Ich, nicht wenn du dich selbst analysierst oder dich mit jemand anderem misst. Du bist dein wahres Ich, wenn deine Augen auf Gott gerichtet sind, wenn du ihm im Glauben folgst und wenn du anderen in Liebe mit den Gnadengaben dienst, die Gott dir zugeteilt hat.

... MIT GEFALTETEN HÄNDEN

Mutige Gebete

Ich liebe mutige Gebete.

Es gab bei uns in der Gemeinde eine Zeit lang einen Running Gag, nachdem ich in einer Predigt gesagt hatte, dass ich auch schon mal für einen Parkplatz gebetet hatte. Das meine ich jedoch nicht, wenn ich von mutigen Gebeten spreche, auch wenn es gewagt sein mag, auf einen Parkplatz zu hoffen. Mutige Gebete sind solche, die über »Gott, segne dieses Essen« oder »Gott, bitte schenk mir heute einen guten Tag« hinausgehen.

Deshalb zählt es in jedem Jahr zu meinen Vorsätzen, mein Gebetsleben reicher, erfüllter und ausgedehnter werden zu lassen. Vermutlich bin ich damit nicht alleine. Ich kenne niemanden, der am Ende eines Jahres auf die auf Knien verbrachte Zeit zurückblickt und denkt: »Da habe ich wohl ein bisschen übertrieben. Nächstes Jahr bete ich lieber weniger.«

Wenn ich sage, dass ich mehr beten möchte, sage ich das nicht, weil ich zu viel Zeit habe oder mich langweile. Nein. Ich will mehr beten, weil ich mich nach einer tiefen Gemeinschaft mit Gott sehne. Wer seinen Weg mit den Worten »Hier bin ich« beginnt, entwickelt sich automatisch zu einem leidenschaftlichen Beter.

Leidenschaftlich beten kann bedeuten, dass ich kühnere Bitten formuliere. Es kann bedeuten, für ganz eindeutig Unmögliches zu beten. Die meisten von uns könnten etwas mehr von diesen gottgroßen Träumen in Gebeten brauchen – aber nur, wenn es nicht auf Kosten einer anderen Art von Leidenschaft geht.

Es ist eine Leidenschaft, die weiß, dass Gott tun kann, was ihm gefällt, die sich nach seinem verheißenen Reich des unaufhörlichen

Friedens und Lobes sehnt und dabei vor allem einen Gedanken kennt: »Gott, lass mich nicht vergessen, dass du alles bist, was ich brauche.«

Das ist das leidenschaftliche Beten, auf das es ankommt. »Hier bin ich« zu rufen, bedeutet nicht, möglichst große Worte vor Gott zu machen. Jesus selbst hat gesagt, dass wir nicht vor uns hin plappern sollen wie Menschen, die ihn nicht kennen (Matthäus 6,7). Es geht um eine Vision für die Herrschaft Gottes, darum, sich daran zu erinnern, dass er genau diese kommende Herrschaft verheißen hat. Wer nachfolgt überlässt Gott die Führung über sein Leben.

»GOTT, LASS MICH NICHT VERGESSEN, DASS DU ALLES BIST, WAS ICH BRAUCHE.«

Für mich war kaum eine Prüfung so schwierig wie diese Nacht in der Kapelle auf dem Berg. Ich wusste, dass es von diesem Zeitpunkt an keinen Weg mehr zurück gab. Ich konnte mich vor Gott nicht mehr rausreden, selbst wenn ich es wollte. Ich würde wohl nie wieder ruhig schlafen können, weil ich wusste, dass mein Leben auf den Kopf gestellt war. Der Witz mit dem Parkplatz war jetzt wirklich kalter Kaffee. Von nun an ging es um eine ganz andere Art von Gebet.

Ein mutiges Gebet ist ein Leuchtfeuer in der Dunkelheit. Es gibt eine bestimmte Art von Finsternis, die wir alle schon durchschritten haben, gerade durchschreiten oder durchschreiten werden – und das Einzige, was das Durchschreiten der Finsternis möglich macht, ist, dass Gott mit uns durch die Finsternis geht. Ich spürte es in diesem Moment genau: Die Finsternis streckte wieder ihre Krallen aus. Und ich betete: »Nein, Gott! Lass das nicht zu. Lass nicht zu, dass meine Gedanken dich klein machen.«

Ein Gebet kann nicht nur zum Herzen Gottes vordringen, es verändert ebenso uns selbst. Ein guter Teil meiner Gebete führt dazu, dass ich näher bei Gott bin.

Ich erlebe es immer wieder in Gemeinden, auf Konferenzen oder bei Hauskreisen, in denen ich zu Besuch bin: Die Zeit des Gebets ist die Zeit der intensivsten Veränderung. Indem Jesus uns gelehrt hat, zu beten, hat er uns die Tür zu Gott gezeigt. Wir können und sollen für Menschen beten. Immer und immer wieder. Aber selbst wenn sich bei ihnen nichts verändert, war das Gebet nicht umsonst oder verlorene Zeit. Es war Zeit, die wir mit unserem Vater im Himmel verbracht haben. Es hat uns verändert.

Gebet hat Priorität

Es war die Haustür eines ganz normalen Einfamilienhauses. Im milchigen Glas hing ein wenig Deko. Auf dem Klingelschild aus Ton standen die Namen. Die Häuser links und rechts sahen ziemlich ähnlich aus. Es waren Träume von Ankommen, von Zu-Hause-Sein und glücklich Leben. Bis ich eines Tages vor dieser Tür stand, links und rechts von mir zwei Polizisten.

Es gibt Situationen, die verändern ein Leben. Hananias stand vor zwei einfachen Optionen: Er konnte Gott gehorchen und den gefürchteten Saulus aufsuchen, von dem er wusste, dass er Christen hasste. Oder er konnte sich weiterhin in der mehr oder minder sicheren Umgebung seiner vier Wände verstecken. Er hatte einen dicken Kloß im Hals, als er vor der Tür dieses Hauses stand, da bin ich mir sicher. Den ganzen Weg über hatte er sich Gedanken gemacht, wie er das Gespräch mit dem Mann hinter der Tür beginnen sollte.

Vor besagter Haustür in der Wohnsiedlung ging es mir nicht anders. Hinter der Tür wartete ein Mann, der gleich erfahren würde, dass seine Frau sich auf den nahe gelegenen Gleisen umgebracht hatte. Zumindest vermutete die Polizei, dass es seine Frau war, und brauchte seine Hilfe, um ihre Überreste zu identifizieren. Mich hatten sie dazugerufen, da wir in solchen Fällen schon öfter zusammengearbeitet hatten, und sie hofften, dass ich dem Mann vielleicht Beistand leisten könnte.

Eine halbe Stunde zuvor hatte ich noch mit einem Becher Kaffee in meiner Küche gestanden. Spätestens als sich die Tür öffnete und ich in den Augen des Mannes sah, dass er ahnte, was ihm bevorstand, wünschte ich mich in meine Küche zurück.

Er beschrieb die Jacke, ihre Uhr und eine Kette. Die Polizisten nickten. Sie notierten sich noch einige Informationen und ließen uns dann alleine. Der Mann und ich saßen am Küchentisch. Er hatte sein Gesicht in seinen Händen vergraben und meine Hände umklammerten eine Kaffeetasse.

Für mich beschreibt kein anderer Moment Sprachlosigkeit so treffend wie die drei Stunden, die wir an diesem Tag zusammensaßen. Wir sagten kaum etwas. Er zeigte mir Fotoalben. Ich betete in Gedanken. Wir führten immer wieder das gleiche Gespräch. Immer wieder die gleichen Fragen. Fragen ohne Antworten.

Dann sagte ich nur einen Satz. Ganz unvermittelt ins Blaue hinein. »Ich glaube, Gott will, dass wir jetzt beten.« Für einen Moment hielt der Mann die Luft an. Er schaute zurück auf das aufgeschlagene Hochzeitsalbum auf dem Tisch, dann wieder auf mich. Schließlich faltete er wortlos die Hände.

»ICH GLAUBE, GOTT WILL, DASS WIR JETZT BETEN.«

Es war ein unglaublicher »Hier bin ich«-Moment mitten in der Dunkelheit und dem Chaos des Todes. Wir beteten und hofften auf Gottes Wirken. Den Tod seiner Frau konnten wir nicht mehr rückgängig machen, daran gab es nichts mehr zu ändern. Aber trotzdem ist das Gebet die größte Kraft, die wir im Angesicht der Katastrophe haben.

Als ich nach Hause kam, war ich leer. Ich schaltete das Telefon stumm und zog mich ins Schlafzimmer zurück. Jetzt war ich noch einmal mit Beten dran.

Nachfolge in Generationen

Mutige Gebete haben Konsequenzen. Ich meine das tatsächlich im Sinne von »Gebete werden erhört«, aber noch weit darüber hinaus. Natürlich erhört Gott Gebete. Vielleicht mögen wir nicht jede seiner Antworten, aber er hört alle unsere Gebete. Darüber hinaus gibt es aber die Folgen der mutigen Gebete und der konsequenten Nachfolge, die wir zu unseren Lebzeiten oft noch gar nicht erahnen können. Es ist die Nachfolge in Generationen.

Abends habe ich oft meinen Sohn auf dem Arm und bete für ihn. In letzter Zeit musste ich dabei immer häufiger an Abraham denken. Ist er mit dem kleinen Isaak auf dem Arm vor dem Zelt umhergewandert, als der Kleine nicht schlafen konnte? Ob er da schon geahnt hat, durch welche Höhen und Tiefen sie beide und ihre ganze Familie gehen würden?

Meine Frau hatte mir einmal erzählt, dass ihr Vater schon in ihrer Kindheit gebetet hatte, dass sie einmal eine liebe Großmutter werden würde. Ich fand den Gedanken damals ziemlich schräg. Sollte man bei einem fünfjährigen Mädchen nicht zuerst für ein paar andere Dinge beten? Inzwischen sind wir eine Generation weiter. Anni ist Mutter geworden. Mein Schwiegervater ist Großvater. Und langsam beginne ich, zu verstehen, was er getan hat. Was wartet im Leben von Titus noch alles auf ihn? Und was wird meine Rolle dabei sein? In welchen Bereichen wird Gott mir die Chance und die Gnade geben, meinen Sohn im Glauben und als Vater zu begleiten?

Nachfolge und Gehorsam sind ein Thema für Generationen. Es stellt sich die Frage: Was willst du hinterlassen? Was ist, wenn deine Nachfolge nicht bloß in deinem Leben entscheidende Kreise zieht, sondern auch im Leben der nächsten und übernächsten Generation? Was wäre, wenn deine Kinder und Enkelkinder über deinen Glauben reden würden? Dich als Beispiel sehen würden für einen Glauben, der im Kleinen wie im Großen treu war?

Du kannst etwas in dieser Welt hinterlassen, das deutlich wertvoller ist als Geld oder Besitztümer. Du kannst ein Beispiel der Nachfolge hinterlassen. Du kannst dafür sorgen, dass dein Glaubensgehorsam andere motiviert. Dein Gebet kann Kreise ziehen. Dein Mut, Gott in die Fremde zu folgen, kann eine Kettenreaktion des Glaubens im Leben anderer Familien auslösen.

Vielleicht wirst du das nicht einmal erfahren. Zumindest nicht in diesem Leben. Mose hat das Land, in das er das Volk führen sollte, nie betreten. Er ist bis zur Grenze gekommen und konnte von einer Anhöhe aus hineinschauen. Dann rief er im Auftrag Gottes Josua zu sich und übertrug ihm und damit der nächsten Generation die Führung des Volkes:

> Danach ließ Mose Josua rufen und sagte vor ganz Israel zu ihm: »Sei stark und mutig! Denn du sollst diese Menschen in das Land führen, das der Herr ihren Vorfahren mit einem Eid versprochen hat. Du wirst es als Erbe unter ihnen aufteilen. Hab keine Angst und verliere nicht den Mut, denn der Herr selbst wird vor dir hergehen. Er wird bei dir sein. Er wird sich nicht von dir zurückziehen und dich nicht im Stich lassen!«
>
> 5. Mose 31,7-8

Dass ein ganzes Volk an der Grenze zum versprochenen Land stand, hatte seinen Anfang vor einem brennenden Busch genommen, aus dem heraus Gott sich vorgestellt hatte. Sollte uns das nicht ein unauslöschliches Zeichen sein, dass Gott immer weitermachen wird? Er wird nicht aufhören, bis sein Plan mit uns zur Vollendung gekommen ist. Vielleicht nicht in unserer Generation, aber wir sind ein wichtiges Zahnrad in diesem großen Getriebe der Geschichte Gottes mit unserer Welt.

... IN DEINE ZUKUNFT

Folge dem leidenden König

Ich habe einmal gehört, dass man eine Mischung aus den fünf Menschen ist, mit denen man die meiste Zeit verbringt. Mit anderen Worten: Je mehr du dich mit bestimmten Menschen umgibst, umso ähnlicher werdet ihr in euren Ansichten. Bei Gott ist es ganz ähnlich.

Jesaja erlebte das am eigenen Leib. Als er die Vision sah, hatte Gott noch nicht mit Worten zu ihm gesprochen. Der Prophet hatte nur Visionen von ihm gesehen. Alles, was er gehört hatte, war der Engelschor, der immer wieder sein »Heilig, heilig, heilig« sang. Aber dann stellte Gott die alles entscheidende Frage. »Wen soll ich senden? Wer wird für uns gehen?« (Jesaja 6,8). Und der Prophet antwortete: »Hier bin ich, sende mich.«

Interessanterweise hat Gott Jesaja nicht gezwungen, sich freiwillig zu melden. Er fragte lediglich, ob es jemanden gäbe, der gehen würde, und Jesaja sagte: »Ich bin bereit. Ich werde gehen.« Gott zwingt uns nicht zum Dienen, aber er wirkt in unseren Herzen, sodass wir uns freiwillig für ihn einsetzen. Sein Wille wird zu unserem Willen.

Jesajas Vision endet damit, dass Gott ihm zeigt, wie hart seine Berufung sein wird. Die Menschen werden ihm nicht zuhören. Gott malt ihm ein Bild von verschlossenen Ohren und Augen und versichert ihm, dass es eine unendlich schwere und undankbare Aufgabe sein wird. Aber Jesaja ist so sehr von Gottes Heiligkeit, der Tiefe seiner eigenen Sündhaftigkeit und der Gnade Gottes beeinflusst worden, dass er bereit und willens ist, Gott zu gehorchen, egal, was passiert. Er stellt keine Bedingungen an seinen Gehorsam, sondern sagt einfach, dass er tun wird, was Gott verlangt. Selbst als er herausfindet, dass es eine schwierige Berufung ist, macht er keinen Rückzieher. Und der Engelschor singt immer weiter, bis in alle Ewigkeit.

Ganz egal, ob ich nachts in der Kirche sitze, auf einem Berg unter dem Sternenhimmel oder einfach schlafe (was ich tatsächlich die meisten Nächte mache): Egal, was ich tue, dieser Engelschor verkündet währenddessen die Herrlichkeit Gottes. Als du heute Morgen aufgewacht bist, haben die Engel gesungen. Während du hier sitzt und dieses Buch liest, loben diese Engel Gott unaufhörlich mit ihren Stimmen. Und wenn du heute Abend ins Bett gehst, wird ihr Chor weitersingen.

ALS JESAJA HERAUSFINDET, DASS ES EINE SCHWIERIGE BERUFUNG IST, MACHT ER KEINEN RÜCKZIEHER.

Gleichzeitig bist du dazu berufen, einem leidenden König zu folgen. Jesus wurde nicht in einem goldenen Palast geboren und er lag nicht auf einem weichen Kissen, als er seinen letzten Atemzug tat. Und dennoch spricht aus jedem seiner Worte und aus jeder seiner Handlungen die unerschöpfliche Gnade Gottes. Diese Gnade allein kann unser Leben neu machen, nicht magische Worte, nicht Rituale und nicht das Einhalten von Regeln.

Meine Vorstellung von Jesus ist durch zwei Bilder stark geprägt worden. In der Kirche, in der ich aufgewachsen bin, hängt hinter dem Altar ein großes Bild des triumphierenden Jesus. Er ist von Strahlen umgeben, hält eine Standarte und sein Gesichtsausdruck verrät, dass ihm nichts etwas anhaben kann. Er hat gewonnen. Der Tod ist besiegt, Leiden und Sünde haben keinen Platz mehr.

Das zweite Bild ist eine Darstellung des leidenden Jesus. Seine Augen sind blutunterlaufen, auf seinem Kopf sitzt die Dornenkrone. Die Farben sind viel dunkler als auf dem ersten Bild. Es ist der Jesus meiner dunklen Nächte. Es ist der Jesus, der an meiner Seite ist, wenn ich durch das dunkle Tal gehen muss. Es ist der Jesus, der mein Innerstes kennt, weil es sein eigenes ist.

Zwischen diesen beiden Bildern habe ich nach vielen Jahren endlich den echten Jesus gefunden. Wenn wir Gott so sehen, wie er wirklich ist, ist es schwer, uns ihm nicht zur Verfügung zu stellen, und es ist schwer, von unserer Berufung Abstand zu nehmen, egal, wie hart sie sein mag. Eine richtige Sicht von Gott, von uns selbst, von unserer Sünde und von der Gnade ist wesentlich, wenn wir dem leidenden König nachfolgen.

Sicherlich verdient dieser Gott mehr als das Heben der Hände im Lobpreis und ein Gebet. Sicherlich verdient dieser Gott mehr als die Einhaltung von Regeln, Gottesdienstbesuche oder hier und da eine Spende. Dieser Gott erwartet die völlige Aufgabe unserer Pläne, unseres Besitzes, unserer Hoffnungen, unserer Träume und unseres Lebens. Wir legen alles, was wir haben, vor diesem Gott auf den Tisch und sagen: »Benutze mich – mein Leben, meine Familie, meine Kirche, alles, was ich habe und was ich bin – für die Verbreitung deiner Herrlichkeit und deines Evangeliums bis ans Ende der Welt.« In der Tat ist die einzig logische Antwort auf diesen herrlichen Gott der Gnade: »Hier bin ich. Sende mich.«

Bereit sein

»Ich will etwas für Gott bewegen«, sagte Tom und sah mich entschlossen an. Wir hatten uns gerade unterhalten, nachdem mir in den Wochen zuvor immer wieder aufgefallen war, dass sich in seinem Leben etwas verändert hatte.

»Tom, du solltest genau das beten. Sag Gott, dass du etwas in seinem Namen bewegen willst. Bete, dass er dein Herz öffnet und dich auf sein Ziel ausrichtet.«

Tom druckste ein wenig rum. »Aber meine Eltern wollen nicht, dass ich ins Ausland gehe. Ich soll mich erst entscheiden, was ich